21세기 상호부조론

MUTUAL
AID,
BUILDING
SOLIDARITY
DURING THIS
CRISIS
AND THE
NEXT

자선이 아닌 연대

21세기 상호부조론

딘 스페이드 지음
장석준 옮김

추천의 글

"표트르 크로포트킨은 상호부조를 가리켜 '진화의 한 요인'이라 했으며, 블랙팬서당은 '생존을 위한 지속적 혁명'이라 했다. 딘 스페이드는 상호부조가 혁명을 이루기 위한 근본 토대임을 강조한다. 이는 연대의 구축, 전투 준비, 개인주의와 시장의 원자화된 문화를 대체할 공동체적 돌봄 문화의 창출과 관련된다. 우리 시대의 필수 안내서인 이 책은 상호부조 없이는 강력한 사회운동이 있을 수 없음을 가르쳐준다. 빠짐없이 읽고, 곳곳에 전하라. 모두와 공유하고, 모조리 변화시켜라."

— 로빈 켈리Robin D. G. Kelley, 역사학자이자《자유의 꿈:
흑인 급진파의 상상력Freedom Dreams: The Black Radical Imagination》저자

"바로 지금 필요한 책이다! 이 책은 오늘날과 미래의 상호의존을 위한 지침서다. 딘 스페이드는 상호부조의 의미와 모범 사례, 함정에 대해 설명하면서, 충분히 예견된 혹은 예기치 않은 위기들 속에서 살아남기 위한 상호부조 전략의 지혜와 잠재력을 제대로 활용할 수 있도록 안내한다."

— 에이드리엔 매리 브라운Adrienne Maree Brown,
활동가이자《즐거운 행동주의Pleasure Activism》저자

"이 책은 무기를 손에 들라는 외침이자 지금 절망하고 있는 모든 이를 깨우는 일격이자 우리가 어떻게 하면 더불어 잘 살아갈 수 있을지에 관한 청사진이다."

— 대니얼 페르난데즈Daniel Fernandez, 〈더 네이션The Nation〉

"딘 스페이드는 상호부조에 관한, 사회정의운동에서 상호부조가 맡는 역할에 관한 풀뿌리 이론을 솜씨 있게 탐구하면서, 어려움에 처한 이들을 '교정'해야 한다는 입장과 현존 시스템을 비판하고 활동가들에게 실천적인 충고를 제시한다."

— 이브 업튼-클라크Eve Upton-Clark, 〈더 프로그레시브The Progressive〉

"이 책을 읽고 나서 고무되었다. 도전과 자극을 동시에 안겨주는 현 국면에서 우리의 활동에 토대를 제공할, 쉽게 읽을 수 있는 상호부조 입문서가 드디어 나왔다. 내가 아는 모든 이에게 이 책을 선물하려 한다. 여러분도 그래야 할 것이다."

— 마리얌 카바Mariame Kaba, 프로젝트 NIA 설립자

"마리얌 카바는 '이 책을 읽고 나서 고무되었다'라고 말했는데, 다른 독자들도 이 책에서 상호부조 프로젝트를 위한 친절한 안내와 유용한 틀을 발견하고서는 마리얌처럼 흥분을 느낄 것이다."

— 르네 펠츠Renée Feltz, 〈디 인디펜던트The Indypendent〉

"딘 스페이드는 급진적인 창의성과 심원한 변혁을 절박하게 요청하면서, 독자들이 단체와 해방운동 안에서 자신이 맡는 역할에 관해 비판적으로 사고하도록 안내한다."

— 헤더 무나오Heather Munao, 〈북리스트Booklist〉

"이 책은 상호부조의 의미를 이해할 유용한 틀을 제공함과 동시에 상호부조가 어떤 점에서 사회 변혁과 연대 운동의 필수 요소인지 설명한다."

— 해너 메이-파워스Hannah May-Powers, 〈툴레인 훌라버루Tulane Hullabaloo〉

"이 책은 상호부조 활동에 이미 종사하는 이들을 위한 지침서가 될 수 있지만, 또한 아직 운동가라고는 할 수 없어도 팬데믹, 끊이지 않는 경찰 폭력, 양극화, 기후 재앙의 혼돈과 고통에 직면해 운동에 관심을 기울이기 시작하는 이들에게도 흥미로운 읽을거리가 될 것이다."

— 앨리사 볼링Alisa Bohling, 〈리트 허브Lit Hub〉

"딘 스페이드의 책은 주변부에서 출현하는 상호부조에 주목하면서, 상호부조가 자본주의 이후 사회를 상상하고 창조하는 한 가지 방식이라 주장한다. 스페이드의 포부는 상호부조가 이러한 사회로 나아가는 통로가 되도록 만드는 것이다. '모든 것을 공유하고 모든 것을 공동으로 운영하며 우리 모두의 필요를 충족하고 강압과 지배에 의존하지 않는 사회를 상상하기' 말이다."

— 데릭 월Derek Wall, 〈엡 매거진Ebb Magazine〉

"딘 스페이드는, 최근의 거대한 전 지구적 붕괴에서 극적으로 드러난 것처럼, 현재 우리의 삶을 지배하는 이 시스템이 사람들의 필요를 충족하지 못한다는 점을 조목조목 따진다."

— 마리아 리카피토Maria Ricapito, 〈마리 끌레르Marie Claire〉

"스페이드에 따르면, 연대를 바탕으로 사회관계를 개조하고 상호의존을 둘러싼 낙인을 깨부수며 사회운동을 구축하는 힘이 상호부조에 있다. 이 책은 지역사회 조직화가 지역에 뿌리박은 자율성을 지니고 있다고 강조하며, 정부나 비영리재단, 자본가계급의 영향력을 통해 급진적인 돌봄 활동의 전문화와 중앙집권화를 초래하는 권력 구조에 저항한다."

— 케건 스파크스Kaegan Sparks, 〈아트포럼Artforum〉

"상호부조는 권력을 쥔 이들에게 물러서고 양보하고 포기하라는 호소가 아니다. 민중이 자신들의 목표를 달성하기 위해 서로 힘을 모아 권력을 구축해가야 한다는 외침이다."

— 에이미 위크너Amy Wickner,
〈칼리지 & 리서치 라이브러리즈College & Research Libraries〉

"이 책은 현재와 미래의 사회 위기들 속에서 살아남기 위한 안내서에 그치지 않고 광범한 사회적 평등, 유대, 존엄성, 소속감을 향해 사회를 근본적으로 변화시킬 수단을 제공한다."

— 폴 센터레임Paul Centorame, 〈래터럴Lateral〉

차례

일러두기

• 이 책은 딘 스페이드Dean Spade의 《상호부조*Mutual Aid:Building Solidarity During This Crisis(and the Next)*》를 우리말로 옮긴 것이다.
• 원서에서 이탤릭체로 강조한 부분은 진한 글자나 고딕체로 표기했다.
• 모든 각주는 옮긴이의 것이다.

들어가며

위기 상황에는 대담한 전술이 필요하다

현 정치 국면을 규정하는 말은 '비상사태'다. 코로나19 팬데믹과 기후변화에서 비롯된 산불, 홍수, 폭풍뿐만 아니라 인종주의적 경찰폭력, 가혹한 이민 단속, 고질화한 젠더 폭력, 심각한 부의 불평등 같은 첨예한 위기들이 지구 곳곳에서 민중의 생존을 위협한다. 정부 정책은 오히려 피해를 낳고 더욱 악화시키는 데다 위기에 부적절하게 대처함으로써 특정 집단이 공해, 빈곤, 질병, 폭력의 최대 피해자가 되도록 만든다. 이런 상황에 맞서 지역사회 안에서 대응에 나서야겠다고 느끼는 보통 사람들이 점점 늘어나고 있다. 이들은 자원을 함께 나누고 취약한 이웃을 돕는 대담하고 혁신적인 방식을 만들어내고 있다. 혁명적 변화를 요구하는 사회운동과 연계를 맺으며 벌어지는 이런 구조 활동을 일컫는 말이 '상호부조mutual aid'다.

상호부조는 모든 거대하고 강력한 사회운동의 일부였으며, 전에 없던 위험과 대대적인 참여의 기회와 마주한 바로 지금도 특별하면서 중요한 역할을 수행하고 있다. 상호부조는 사람들이 당면한 관심사에 바탕을 둔 운동에 연결되게 하고, 사람들 사이에 새로운 연대가 자라나는 사회적 공간을 만든다. 최선의 경우 상호부조는 사람들이 인정 넘치는 돌봄 시스템을 수립하게 만들어 상처를 치유하고 좋은 삶well-being을 촉진하기까지 한다.

이 책은 상호부조를 다룬다. 상호부조가 왜 중요하며, 어떤 모습이고, 어떻게 이뤄지는지를 설명한다. 상호부조의 풀뿌리 이론뿐만 아니라, 상호부조 단체가 직면하는 가장 어려운 문제들 가운데 일부를 다룰 구체적인 수단까지 제시한다. 그 문제들이란 단체 안에서 어떻게 활동하며 함께 결정을 내릴지, 어떻게 갈등을 예방하고 처리할지, 어떻게 번아웃을 해결함으로써 꾸준히 지속되고 결국은 승리할 수 있는 운동을 만들어낼 수 있는지 같은 것들이다.

현재 좌파 사회운동에는 두 가지 커다란 과제가 있다. 첫째, 우리는 하루가 다르게 전개되는 파국적인 상황에서 사람들이 생존하도록 돕기 위해 조직화에 나서야 한다. 둘째, 우리는 수천만 민중이 저항에 참여하도록 만들어 이 위기의 근본 원인을 해결할 수 있게 해야 한다. 이같이 중차대한 국면에 경찰, 이민 단속, 복지 당국, 지주, 예산 삭감, 공해 기업, 군수산업, 돈벌이에 급급한 사설 교도소, 우익 집단 등에 대한 반격에 새로운 사람들을 참여시킴으로써 운동은 더욱 강화될 수 있다. 이 두 가지 커다란 과제(사람들의 필요를 충족하면서 동시에 저항에 참여하게 만드는 것)를 해결하는 방법은 상호부조 프로젝트에 착수해 많은 사람이 참여하게 하는 것이다. 세력화하고 중요한 변화를 이뤄낸 사회운동들은 모두 상호부조를 포함했지만, 이는 운동 안에서 눈에 잘 띄지 않고 가치를 인정받지 못하는 부분인 경우가 많았다. 현 국면에서 우리가 바라는 세상을 쟁취하게 될지 아니면 더 심각한 위기에 빠져들지는 우리의 상호부조 구축 능력에 따라 결정될 것이다.

홍콩 저항운동의 코로나19 대응을 검토함으로써, 우리

가 이런 방식으로 힘을 모을 경우에 무엇이 가능할지 가
늠해볼 수 있다. 2019년에 대규모 반정부 시위가 홍콩을
휩쓸었고, 사람들은 경찰에 맞서면서 자기 삶을 스스로
통제할 권리를 강화하려 했다. 코로나19 팬데믹이 발발할
무렵, 홍콩 행정장관 캐리 람Carrie Lam에 대한 반대 여론
은 80%에 이르렀다. 시위대가 장대, 새총, 레이저포인터,
화염병으로 경찰과 싸우는 등 대담한 전술을 사용하며 주
도면밀한 대중 시위를 조직하자 홍콩 저항운동은 크게 고
양되었다. 인구가 과밀한 데다 과거에도 유행병을 겪은
바 있고 코로나19 팬데믹이 시작된 우한과 고속철도로 연
결된 홍콩의 취약한 입지에도 불구하고, 람은 팬데믹에
이상할 정도로 별다른 대응을 취하지 않았다. 홍콩 주민
들은 람이 국경 폐쇄를 미루고 노동자들의 마스크 착용을
금지하는 명령을 내린 것을 비판했다.[1] 그러나 정부의 패

---

1   코로나19가 막 유행하기 시작할 무렵에 홍콩에서는 '범죄인 인도 조
     례'에 맞서는 시위가 계속되고 있었다. 친중파인 캐리 람 행정장관은
     마스크를 쓴 시위대와 '일반' 시민을 구별하기 힘들다는 이유로 코로
     나19 유행에도 불구하고 마스크 착용을 금지하는 명령을 내렸다.

착에도 불구하고, 저항운동에 참여한 홍콩 민중은 코로나 19의 첫 번째 대유행을 억제하고 재발을 막는 대응에 나섰다.

홍콩에서 코로나19 첫 번째 확진자가 나온 날, 저항운동 참여자들은 감염 경로를 추적하고 감염 다발 지역을 감시하며 병원 대기 시간을 알리고 불량 개인보호장비를 파는 장소에 관해 경고하는 웹사이트를 개설했다. 시위대는 정부의 마스크 착용 금지령을 무시했고, 세계보건기구가 마스크 사용을 권장하지 않는다는 가짜 뉴스를 반박했다. 그들은 마스크를 제작하고 나눠주는 봉사단을 조직했고, 특히 가난하고 고령인 이들에게 마스크를 우선 전달했다. 인구가 밀집한 공동주택가 곳곳에 손 소독대를 설치하는 자원활동가 시스템을 구축했고, 소독대에 꾸준히 소독제를 공급했다. 또한 소독대 위치를 알려주는 디지털 지도도 제작했다.

이러한 핵심적 상호부조 활동은 더욱 대담한 전략을 통해 보완되었다. 정부가 중국과의 국경 폐쇄를 거부하자 저항운동 중에 조직된 노동조합에 속한 7,000명의 보건의료 노동자들이 개인보호장비 지급과 국경 폐쇄를 요구하며 파업에 나섰다. 저항운동 참가자들은 대유행에 대처하는 노력이 이뤄지지 않으면 더 강력한 행동에 돌입하겠다며 정부를 압박했고, 중국과의 국경에서는 이 목적을 위한 것으로 짐작되는 폭발물들이 발견됐다. 그러자 홍콩 정부는 지역 주민과는 전혀 상의 없이 인구가 밀집한 동네에 방역센터를 설치했다. 저항운동 측은 이에 맞서 방역센터 개소 전에 폭발물을 투척했고, 이로 인해 정부는 시설을 인구가 적은 별장 지대로 이전해야 했다.

정부 덕이 아니라 순전히 대중이 대거 참여하고 협의한 운동의 이러한 노력 덕택에 홍콩의 코로나19 1차 유행 대응은 커다란 성공을 거두었다. 정부의 양보를 이끌어낸 직접행동과 상호부조의 결합을 통해 시위대는 정부가 방치한 과업을 수행하며 엄청난 수의 생명을 구했다.

이 책은 상호부조 단체와 네트워크의 구축에 관해 구체적인 지침을 제시한다. 1부에서는 상호부조가 무엇인지, 상호부조가 자선과 다른 이유가 무엇인지 그리고 다른 사회운동 전술들과는 어떤 관련이 있는지를 탐색한다. 2부에서는 상호부조 단체 안에서 협력하는 방법과 집단적 의사결정, 갈등, 번아웃 같은 문제에 대응하는 방법을 본격적으로 다룬다. 여기에는 단체 회의에서 대화를 촉진하고 분석연구와 사업 실행을 공유하는 데 활용할 수 있는 표와 목록도 실려 있다. 궁극적인 목표는 (재앙에 직면한 상황에서조차) 우리 자신에 대한 집단적 돌봄을 조직할 방법과 수천만 민중을 참여시켜 심원하고 영속적인 변화를 이뤄내는 방법을 상상하도록 돕는 것이다.

MUTUAL
AID,
BUILDING
SOLIDARITY
DURING THIS
CRISIS
AND THE
NEXT

1부

상호부조란 무엇인가?

상호부조는 서로의 필요를 충족하기 위한 집단적 공동 행동이며, 대개 기존 시스템이 이러한 필요를 충족하지 못한다는 깨달음에서 출발한다. 사실 기존 시스템은 빈번히 위기를 초래하거나 사태를 더욱 악화하기만 한다. 모든 사회운동은 저마다 상호부조의 사례를 보여주는데, 파업 노동자들을 위해 모금하거나 몽고메리시의 버스 보이콧 중에 승용차 함께 타기(카풀) 프로그램을 진행하거나,[1] 국경을 넘는 이민자들을 위해 사막에서 식수를 제공하거나, 구급차 출동 시간이 너무 긴 가난한 동네에서 서로를 위해 응급 처치를 훈련하거나, 병원비가 없는 이들을 위해 임신중절 비용을 모금하거나, 수감자들에게 보낼 편지 쓰기를 조직하는 것 등이 그런 사례들이다. 이것들이 바로 상호부조 프로젝트다. 이를 통해 민중은 생존과 관련된 필요를 직접 충족하게 되는데, 그 밑바탕에는 우리가 처한 상황이 정의롭지 못하다는 공동의 인식이 있다.

상호부조와 관련하여 새로운 것은 없다. 인류의 역사 내내 사람들은 생존을 위해 서로 협력해왔다. 그러나 자본주의와 식민주의가 수립한 구조는 사람들이 역사 속에서 서로 연결되던 방식과 생존을 위해 필요한 것들을 모두 공유해온 방식을 파괴해버렸다. 사람들이 임금노동과 사적 소유의 시스템 속에서 살지 않을 수 없게 되고 부가 더욱 집중되자, 우리가 서로를 돌보던 방식은 점점 더 하찮은 것으로 치부됐다.

오늘날 우리 중 다수는 인간 역사상 가장 원자화된 사회에서 살아가며, 이러한 사회에서 삶은 불안해지기만 하고 불의한 상황을 근본적으로 바꾸기 위한 우리의 단결력은 와해된다. 우리는 생존을 위해 서로 경쟁해야 하는 처지가 되고, 필요한 것들을 얻기 위해 적대적 시스템(건강 유지가 아니라 이윤을 중심으로 설계된 보건 시스템, 대지를 오염시키고 사람들을 중독증에 빠뜨리는 식품 및 교통 시스템 같은)에 의존해야만 하게 된다. 곤란에 빠졌을 때 믿고 의지할 사람이 없다는 사람들이 점점 늘어나고 있다. 즉 우리 중 다수가 경찰이나 법원이 개입하기 전까지는 정신건강이나 약물 남용, 가정폭력이나 학대에 관해 어떠한 도움도 얻지 못하고 있으며, 경찰이나 법원의 개입은 피해를 해결하기보다는 더 악화하는 경향이 있다.

이렇게 사회적으로 고립되고 적대적인 시스템에 강제로 의존해야만 하는 상황에서 상호부조는, 그러니까 서로를 돕기로 결단하고 가진 것들을 나누며 가장 취약한 이들을 돌보기 위해 시간과 자원을 쏟아붓는 일은 충분히 급진적인 행위가 된다.

---

1   1955년에 미국 남부 앨라배마주 몽고메리시에서 흑인 여성인 로자 파크스Rosa Parks가 버스의 백인 전용 좌석에 앉았다는 이유로 체포됐다. 그러자 몽고메리시의 흑인 지역사회가 버스 보이콧 운동에 나섰고, 마틴 루서 킹Martin Luther King Jr. 목사가 이끄는 전국적 시민권운동 세력이 시위에 동참했다. 1955년 12월에서 다음 해 12월까지 꼬박 1년간 계속된 이 운동을 통해 시민권운동 진영은 남부의 인종분리 정책에 처음으로 결정적인 타격을 가했다.

1장

●

상호부조의
세 가지 핵심 요소

첫째, 상호부조 프로젝트는 생존과 관련된 필요를 충족하며, 사람들이 필요한 바를 얻지 못하는 이유에 관한 공동의 인식을 구축한다

상호부조 프로젝트는 사람들이 필요한 것을 갖지 못하는 현실을 폭로하고, 이러한 불의를 함께 해결할 수 있다고 제안한다. 미국에서 있었던 가장 유명한 사례는 1960년대와 1970년대에 걸쳐 전개된 블랙팬서당Black Panther Party[1]의 생존 프로그램으로, 여기에는 무상 아침식사, 무

---

1   1966년 미국 캘리포니아주에서 청년 흑인운동가 휴이 뉴턴Huey P. Newton, 바비 실Bobby Seale 등이 결성한 운동단체. 블랙 파워를 상징하는 검은 표범을 당명과 로고로 내세웠다. 주류 시민권운동의 비폭력 노선을 비판하며 흑인 지역사회의 자기방어를 위한 무장을 촉구했다. 또한 혁명적 사회주의 이념을 받아들여 미국 내 흑인운동이 광범한 제3세계 해방운동들과 연대해야 한다고 주장했다. 그러면서도 블랙팬서당은 흑인 지역사회를 아래로부터 조직하기 위해 무상 아침식사, 대중 교육 같은 창의적인 일상 활동에 힘을 쏟았다. 연방수사국(FBI) 등 미국의 공안 당국은 이러한 블랙팬서당을 1960년대 말의 여러 신좌파 흐름 가운데에서 가장 실질적인 위험요소로 보고 유혈 탄압에 나섰다. 수많은 지도자, 활동가들이 암살당하고 투옥된 끝에 1970년대 중반 블랙팬서당의 활동은 사실상 중단됐지만, 이들의

상 구급차, 무상 진료소, 아르바이트하는 노인들에게 탈것을 제공하는 서비스, 어린이들에게 철저한 해방적 교과과정을 제공하는 것을 목적으로 하는 학교 등이 포함됐다. 블랙팬서당 프로그램은 사람들이 기본적 필요를 충족하고 그들이 처한 상황에 관해 함께 분석할 수 있는 공간을 창출함으로써 이들을 해방투쟁으로 인도했다. 가난한 이들, 특히 가난한 흑인들의 빈곤을 그들 탓으로 돌리는 문화 속에서 블랙팬서당의 무상 아침식사 프로그램에 참석한 이들은 자녀를 먹이지 못하는 현실에 부끄러움을 느끼는 게 아니라 오히려 식사를 대접받았고 흑인의 빈곤을 함께 분석할 기회를 얻었다. 이 프로그램은 낙인과 고립에서 벗어나게 했으며, 물질적 필요를 충족했고, 사람들이 변화를 위해 협력하도록 열정을 불어넣었다.

연방수사국(FBI) 국장 J. 에드거 후버Edgar Hoover는 블

영향은 오늘날 '흑인의 생명은 소중하다Black Lives Matter' 운동에 생생히 살아 있다. 2021년에는 FBI에 의해 살해당한 블랙팬서당 시카고지부장 프레드 햄턴Fred Hampton의 삶을 다룬 영화 〈유다와 검은 메시아Judas and the Black Messiah〉가 개봉되기도 했다.

랙팬서당 프로그램의 성공을 인정하면서 1969년에 현장 요원 전원에게 보낸 문서에 다음의 유명한 언급을 남겼다. "BCP[어린이 아침식사 프로그램]는 BPP[블랙팬서당] 입장에서 가장 훌륭하고 영향력이 큰 활동이며, 그렇기에 BPP를 박살 내고 그들의 대의를 분쇄하려는 노력에 가장 큰 잠재적 위협이다." 시카고에서 아침식사 프로그램이 시작되기 전날 밤, 경찰은 프로그램을 주최하는 교회를 급습해 모든 음식에 오줌을 갈겼다. 정부의 블랙팬서당 공격은 상호부조가 지닌 힘의 증거이며, 이는 정부가 이 프로그램을 채택한 데서도 드러난다. 1970년대 초에 미국 농무부는 연방 주관 무상 아침식사 프로그램(해방 모델이 아니라 자선 모델에 따라 수립된)을 확대했고, 이는 오늘날도 수백만 어린이들에게 급식을 제공한다. 블랙팬서당은 폭력적이고 인종주의적인 정부에 맞서 흑인이 스스로를 방어해야 하며 인종주의 사회가 허용하지 않는 것을 서로에게 선사하도록 조직을 꾸릴 수 있음을 역설하면서 경이로운 해방운동의 비전을 보여주었다.

　같은 시기에 영로즈당Young Lords Party2은 푸에르토리코 해방을 위해 활동하면서 그와 비슷하고 연관성이 있는 상호부조 프로젝트를 수행했다. 영로즈당은 가난한 푸에르 토리코인 지역사회의 일상적 필요에 부응하는 활동을 시 작해 사람들을 운동으로 이끌었다. 영로즈당은 푸에르토 리코인 동네의 쓰레기 수거가 제대로 이뤄지지 않는 데 항의했고, 푸에르토리코인 지역사회에서 결핵 검사를 확 대하기 위해 시 소유의 이동식 엑스레이 장비 차량을 훔 쳤으며, 병원 일부를 장악해 보건서비스를 제공했고, 식사 프로그램과 청년 프로그램을 실시했다. 인종주의, 빈곤, 경찰폭력에서 미국 내 푸에르토리코인을 해방하고 푸에 르토리코를 탈식민화하는 그들의 비전은 상호부조를 통 해 실행되었다.

1960년대와 1970년대 내내 서로 겹치는 여러 운동이 상호부조 활동을 수행했다. 페미니스트 진료소, 활동가들 이 운영하는 임신중절 시술소, 자원활동가들이 운영하기

2　1968년에 시카고의 푸에르토리코인 지역사회에서 결성된 운동단체. 블랙팬서당의 영향을 크게 받아 푸에르토리코 해방운동과 제3세계 반제국주의 투쟁의 연대를 외쳤고, 활발한 일상 사업을 통해 푸에르 토리코인 지역사회를 아래로부터 조직했다. 블랙팬서당과 마찬가지 로 FBI의 탄압을 받아 1970년대 중반부터 쇠퇴했다.

시작한 게이 진료소, 육아협동조합, 세입자조합, 지역사회 급식 프로젝트 등이었다. 이 시기가 현대 좌파에게 중요한 참고 지점이기는 하지만, 상호부조는 1960년대에 시작된 것이 아니라 혁명적 변화를 추구하는 운동들에서 꾸준히 나타난 특징이다. 선주민미디어행동Indigenous Media Action의 프로젝트 진행자인 클리 베널리Klee Benally는 상호부조가 식민주의의 여러 주기를 관통하며 북아메리카 선주민 사이에 면면히 이어온 전통이며, 현대 선주민 상호부조 프로젝트들이 복원·확대하려고 노력하는 전통적 가르침을 통해 유지됐다고 주장한다. 백인 정착자들은 선주민의 자급 관행을 허물어뜨리려고 오랫동안 애썼다. 처음에는 식량 시스템을 파괴했고, 다음에는 백인-선주민 교역소와 기독교 포교소의 배급에 의존하도록 강요했으며, 요즘은 백인 정착자들로 이루어진 비영리단체에 기대게 만든다. 선주민들의 상호부조 노력은 생존 문제이면서 동시에 백인 정착자들의 시스템에 대한 강제적 의존에 맞서는 강력한 저항의 한 형태다.

흑인 지역사회에서 오랫동안 이어져온 상호부조 단체와 여타 형태의 '자조自助'는 또 다른 중요한 사례다. 이들은 이미 1780년대부터 건강·생명보험을 제공하고 병자를 돌보며 장례를 돕고 과부와 고아를 지원하며 공교육을 실시하기 위해 자금을 모으려고 노력했다. 이러한 노력을 통해 흑인들은 흑인만의 대안을 만들어냄으로써 백인 인프라가 흑인을 배제하는 문제를 해결했다. 상호부조의 오랜 전통은 고용주와 싸우는 와중에도 임대료를 지불하고 끼니를 이을 수 있도록 파업 노동자들을 지원한 노동계급 지역사회에서도 확인할 수 있다. 하지만 무엇보다도, 온갖 종류의 갑작스러운 재난(폭풍, 홍수, 화재, 지진) 와중에 상호부조가 확산된다는 사실이야말로, 부득이하게 정부가 도움을 주지 못하거나, 구호활동이 이뤄지더라도 가장 취약한 이들에게는 닿지 않으며, 공권력이 오히려 이재민을 단속할 때, 어떻게 사람들이 서로를 돌보고 자원을 나누기 위해 힘을 합치는지 잘 보여준다. 상호부조에는 막강한 힘이 있다.

둘째, 상호부조 프로젝트는 사람들이 운동에 참여하게 하고 연대를 확장하며 운동들을 구축한다

상호부조는 사회운동 구축에 핵심이다. 사람들은 뭔가가 필요해서 사회운동단체를 방문하는 경우가 많다. 예컨대 퇴거 명령에 저항하려 하거나, 육아·사회적 교류·진료가 필요하거나, 복지수당·장애인 복지·이민 자격·자녀 양육권 같은 문제를 놓고 정부와 싸우는 데 도움이 필요해서 찾아온다. 위기 와중에 도움을 얻을 수 있다는 것은 정치적 능동화의 전제조건이 되는 경우가 많은데, 생존 자체가 난제인 상황에서는 조직에 참여하기가 매우 어렵기 때문이다. 위기를 초래한 조건에 관해 정치적 분석을 제시하는 상호부조 프로젝트를 통해 도움을 받는다면, 이는 낙인, 수치심, 고립을 타파하는 데도 도움이 된다. 자본주의에서는 착취와 자원의 그릇된 분배에서 비롯된 사회 문제들이 시스템 문제가 아니라 개인의 도덕적 잘못으로 인식된다. 시스템 안에서 고통받는 사람들이 자신들이 아니라 시스템 자체가 문제라고 바라보는 곳에서 지원을 얻는다면, 수치심에서 빠져나와 분노와 저항으로 나아가는 데 도움이 될 수 있다. 상호부조는 현 시스템의 실패를 폭로하며 대안을 보여준다. 이 활동은 위기의 최전방에 놓인 이들이 문제를 해결할 최선의 지혜를 갖추고 있다는 믿음, 앞으로 나아갈 길은 집단행동에 있다는 믿음에 바탕을 둔다.

또한 상호부조는 연대도 구축한다. 나는 소득이 낮고/낮거나 유색인종인 트랜스젠더와 젠더 비순응자 gender-nonconforming people[3]에게 무상 법률구조를 제공하는 단체 '실비아 리베라 법률 프로젝트Sylvia Rivera Law Project(SRLP)'[4]에서 이를 확인했다. 나는 2002년부터 2019년까지 이 단체와 함께 일하면서 보호소·교도소에서 뭔가 나쁜 일이 생기거나, 경찰·이민 당국·위탁 양육 시스

---

3 '젠더 비순응'이란 '젠더 다양성'이라고도 불리며, 이성애자 남성과 이성애자 여성이라는 전통적인 젠더 정체성에 들어맞지 않는 다양한 젠더 정체성을 인정하고 자유롭게 표현하는 태도를 일컫는다.

4 2002년에 저자 딘 스페이드가 뉴욕에 설립한 운동단체. 트랜스젠더나 젠더 비순응자 중에서도 저소득층이거나 유색인인 이들을 위해 법률구조활동을 펼친다. 1969년 성소수자들의 스톤월 항쟁에 참여한 트랜스젠더 인권운동가 실비아 리베라(1951~2002)를 기려 그 이름을 단체명으로 삼았다.

템·공립학교 등과의 관계에서 문제가 발생한 사람들이 끊이지 않고 SRLP를 찾아와 도움을 요청하는 것을 보았다. 그런 문제 때문에 법률서비스를 찾은 이들은 조직화 작업에 참여하여 SRLP의 일원이 되고 문제를 야기한 상황을 바꾸기 위해 노력하도록 안내받았다. 사람들이 가입할수록 상황은 자주 요동쳤다. 회원들 사이에는 공통의 뭔가가 있었을 수도 있지만(가령 트랜스젠더라거나 젠더 비순응자라는), 인종·이민 자격·재능·HIV 감염 여부·연령·주거 상황·성적 지향·언어 등의 측면에서 서로 다르기도 했다. 함께 일하고 공동의 정치교육 프로그램에 참여함으로써 회원들은 자기와 다른 경험을 배우고 차이를 넘어 연대를 구축할 수 있게 되었다. 이를 통해 단체 안의 개인만이 아니라 단체가 실천하는 정치의 내용도 바뀌었고, 계속 바뀌어가고 있다.

연대는 대규모 운동들을 구축하고 서로 연결하는 요소다. 전문화된 비영리단체는 단일 쟁점을 지향하며, 그래서 조직의 사업 대상 가운데서도 '자격을 갖춘' 이들을 중심으로 메시지의 프레임을 짜고 엘리트들의 입맛에 맞는 전술을 사용하라고 요구받는다. 예를 들어 교도소 관련 단체는 '무죄'이거나 '비폭력적'인 이들만 편들고 일부 수감자(모든 수감자가 아니라)의 석방에 관해 정치인들에게 로비하는 방식으로 사업을 벌여야 한다고 전제된다. 이는 가장 취약한 이들, 즉 경찰과 검찰에게 억울하게 당한 이들, 무죄를 입증할 방법이 없는 이들, 결백하고 자격이 있다는 문화적 상투어구와 맞아떨어지지 않는 이들을 방치한다는 점에서 연대와는 정반대다. 이런 편협한 강조점은 더욱 심하게 낙인찍힌 이들은 표적으로 삼아도 괜찮다고 옹호함으로써 오히려 시스템의 정당성만 강화해준다.

다음 장에서 더 논의하겠지만, 이런 반反연대적 유인과 관행은 비영리단체들이 중심이 된 운동에 파괴적인 영향을 끼쳐왔다. 쟁점과 계층을 가로지르는 연대야말로 운동을 크고 강력하게 만든다. 이런 연계가 없으면, 서로를 뒷받침하고 권력을 구축하기는커녕 자기 쟁점의 창고 안에서만 작업하고 서로 토대를 허물어뜨리며 관심 집중과 모금을 위해 경쟁하는 고립된 집단들만 남게 된다. 상호부조 프로젝트는 사람들이 서로 다른 삶의 경험에도 불구하고 공동의 필요 혹은 관심을 바탕으로 힘을 모으는 공간을 창출함으로써 연대를 일군다.

사람들이 실제로 살아가며 겪는 실질적 문제를 직접 해결하기 위해 상호부조를 실시하는 단체는 연대에 바탕을 두고 여러 쟁점을 함께 다루는 접근법을 발전시키는 경향이 있는데, 구성원들의 삶에는 매우 다양한 취약성의 경험이 맞물려 있기 때문이다. 때로는 제한된 목표와 함께 출발한 단체라도, 상호부조 모델을 취한다면 보다 넓은 연대의 지평과 보다 넓은 정치적 가능성의 비전을 받아들이게 된다. 애초에 노숙인들에게 봉사하는 것이 목적이던 사업도 금세 인종주의, 식민주의, 이민 단속, 장애인 차별, 경찰폭력, 위탁양육 시스템, 보건 시스템, 트랜스젠더 혐오 등이 노숙 상황의 원인이거나 노숙인에게 더 많은 피해를 입히는 원인임을 드러낸다. 정의롭지 못한 복잡한 현실과 접촉할수록 정의에 대한 끝없는 헌신과 연대가 생긴다. 이것이야말로 사람들이 서로 연결되면서, 그리고 단일한 긴급 쟁점이 보다 폭넓은 사회 변혁의 비전으로 확산되면서 운동이 구축되는 방식이다.

셋째, 상호부조 프로젝트는 구세주를 기다리기보다는 집단행동을 통해 문제를 해결하는 참여적 성격을 지닌다

상호부조 프로젝트는 사람들이 협력·참여·의사결정 기술을 개발하도록 돕는다. 가령 주거지와 관련된 소송 과정에서 서로 돕는 프로젝트에 참여한 이들은 시스템이 어떻게 사람들에게 피해를 입히는지 그리고 어떻게 그에 맞서 싸울지를 상세히 학습하겠지만, 회의 진행·차이를 극복하는 협력·자원활동가 유지·갈등 해결·피드백 주고받기·일정과 교통편 조율 등도 배울 것이다. 또한 이런 종류의 일을 할 수 있는 것은 법률가만이 아니며, 많은 이들(그들 자신을 포함해!)이 나름대로 기여할 바가 있다는 사실도 배울지 모른다. 이는 사회복지사나 공인된 상담치료사, 법률가 혹은 일에 필요한 석·박사 학위를 지닌 이들이 필요하다고 말하는 전문가 기반 사회서비스와는 배치된다.

상호부조는 본질상 반권위주의적이어서, 우리가 어떻게 이제껏 상상을 금지당했던 방식으로 협동할 수 있는지 보여주며 강제 없이도 인간 행동을 조직할 수 있음을 증명한다. 대부분의 사람은 사장이나 결정권을 지닌 실세가 없는 회의에는 참석해본 적이 없다. 대부분의 사람은 일을 하든 학교에 가든, 불복종에 늘 처벌이나 배제가 따르는 내부 위계구조와 마주한다. 우리는 급여나 처벌을 통해 참여를 강요하지 않는 경우에조차 위계구조에 익숙해진 습관을 버리지 못하며, 학습된 지배 행위를 자원활동가그룹 안에서까지 반복해 갈등을 일으키는 경우가 많다. 그러나 상호부조 조직 같은 집단적 공간에서는 기존의 학습에서 벗어나고 새로운 기술과 역량을 습득할 기회를 얻을 수 있다. 우리는 새로운 방식으로 집단에 참여하고 새로운 협력 방식을 실천함으로써 우리가 원하는 세상을 건설하는 동시에 이러한 세상에서 더불어 살아갈 수 있는 사람들이 되어간다.

예컨대 2011년 경제적 불평등에 맞선 월가 점령시위에서 등장한 오큐파이Occupy 천막촌[5]에서 사람들은 경찰을

5　2011년 9월에 수백 명의 운동가가 뉴욕시 월스트리트의 주코티 공원을 점거하고 천막촌을 만들어 농성을 시작했다. 2008년 경제위기 이후 신자유주의에 절망하며 대안을 찾던 시민들, 특히 청년들이 대거 이 농성에 결합했고 이 운동은 '오큐파이 월스트리트'라 불리기 시작했다. 천막촌 자체는 11월에 경찰에 의해 철거됐지만, 오큐파이

부르지 않고 갈등을 해결하는 방식에 관해 생각을 나누었다. 오큐파이 운동은 정치적 저항에 참여해본 적 없었던 많은 이들을 결집해, 합의에 따라 결정을 내리고 공공장소를 점거하며 무상으로 음식을 나누어 주고 무상 정치교육 워크숍에 참석하는 등의 실천으로 안내했다. 오큐파이 운동에 합류한 많은 이들은 치안행위에 관해 본격적인 비판을 해본 적이 없었다. 경찰 폐지와 반인종주의를 추구하는 참여자들은 활동가들이 서로의 문제로 경찰을 불러서는 안 되는 이유에 관해 대화를 이끌었다. 이 과정은 삐걱대기도 했고 결점도 있었지만 많은 이들에게 새로운 기술과 생각을 소개했고, 이들은 경찰이 오큐파이 천막촌을 해산한 뒤에도 계속 이 기술과 생각을 견지했다.

또한 상호부조는 부당한 권위에 맞서는 의지와 대담성을 낳기도 한다. 공동의 목적을 위해 단체 구성원들과 함께 위험을 감수하다 보면, 규칙을 따르라고 훈련받았

월스트리트 운동을 경험한 젊은 세대를 기반으로 이후 미국에서는 민주당 대통령선거 후보 예비경선의 버니 샌더스Bernie Sanders 지지 운동, 민주적 사회주의 붐과 그린 뉴딜 캠페인 등이 전개되었다.

던 경험이 치유될 수 있다. '상호부조 재난구호Mutual Aid Disaster Relief(MADR)'[6] 조직가들은 "대담함이야말로 우리의 능력"이라는 주장을 증명하는 2018년 워크숍 진행 지침서를 통해 다음 이야기를 함께 나누었다.

MADR 조직가 한 무리가 [허리케인 마리아[7] 직후] 푸에르토리코에 방문(일부는 가족을 만나기 위해서였고, 일부는 의료 봉사를 위해서였다)했을 때 정부 창고 안에 물품이 산더미처럼 쌓여 있는데도 배급이 제대로 되지 않고 있음을 발견했다. 그들은 경비대에게 MADR 배지를 보여주며 말했다. "오전 8시 물품 운반을 위해 왔습니다." 경비원이 명단에 이름이 없다고 대꾸하자, 그들은 반복해 말했다. "오전 8시 물품 운반을 위해 왔습

6 2001년 뉴욕 세계무역센터 붕괴, 2005년 허리케인 카트리나, 2011년 오큐파이 월스트리트 등을 거치며 미국 곳곳에서는 상호부조 방식으로 재난에 맞서는 단체와 네트워크들이 등장했는데, 이를 전국적으로 묶은 연합체가 MADR이다. MADR 활동을 상세히 소개하는 한국어 웹사이트도 있다. https://mutualaiddisasterrelief.org/ko/

7 2017년 9월에 푸에르토리코를 비롯한 카리브해 여러 섬에 커다란 피해를 입힌 허리케인.

니다." 결국 경비대는 창고에 들여보내주고는 필요한 대로 가져가라고 말했다. 일단 한 번 허가를 받자 MADR 일꾼들은 거듭 창고 안에 들어갈 수 있었다. 그들은 지역 조직원들에게 배지를 더 많이 배포했고, 이 물품 덕분에 그곳 지역사회는 몇 달 동안 혜택을 보았다.

MADR은 다 함께 대담한 행동을 취함으로써 "세상과 교섭하는 새로운 방식을 상상할 수 있다"고 단언한다. 지배적인 생활방식이 일단 작동을 중지하면, 사람들은 개인주의, 수동성, 사적 소유에 대한 존중을 가능하게 하는 규범(그리고 심지어는 법률까지)을 깰 수 있음을 발견한다. MADR은 이렇게 역설한다. "재난이 벌어지고 있거나 그 여파가 남은 현장에서 생명, 집, 지역사회를 살리려면 당국의 허가를 기다리지 않고 대담한 행동을 취할 필요가 있을 수 있다. 올바른 행동이 무엇인지 판단할 가장 중요한 당국은 바로 재난에서 살아남은 이들 자신이다."

폭풍, 홍수, 지진, 화재에서 살아남은 이들을 구호하는 상호부조 프로젝트뿐만 아니라 빈곤, 인종주의, 형사처벌, 젠더 폭력 그리고 그 밖의 '일상적' 상황에서 비롯되는 위기 속에 살아가는 이들을 지원하기 위해 개발된 상호부조 프로젝트 역시 피해를 예방하고 미래의 재난에 대한 대비를 강화할 수 있는 새로운 시스템을 만들어낸다. 2017년에 허리케인 마리아가 푸에르토리코를 강타했을 때, 이 섬의 식량 중 90%를 섬 밖에서 조달하던 기업형 식량 시스템이 폭풍으로 정지된 상황에서도 많은 이들이 끼니를 이을 수 있었던 것은 식량 정의를 실현하려는 노력이 이미 있었던 덕분이었다. 마찬가지로 전력망이 작동 불능 상태가 되자 의료 기기를 충전할 수 있게 해준 것 역시 지역 태양광 패널이었다.

재난 상황에서 여전히 작동하는 것이 무엇인지 살펴봄으로써, 우리가 다음번 폭풍이나 화재에 대비하기 위해 구축해야 할 것이 무엇인지 배울 수 있다. 《낙원을 쟁취하려는 전투Battle for Paradise》에서 나오미 클라인Naomi Klein은 현재 배전망을 지배하는 에너지 독점기업들이 제 역할을 하지 못하는 상황에서는 지역별로 통제되는 소규모 전력망이 전력 조달의 지속가능성 면에서 더 바람직하다고 주장한다. 2018년 파괴적인 캘리포니아 산불의 충격 속에서 대중은 퍼시픽가스전력회사Pacific Gas and Electric

Company 경영진이 산불을 초래했음을 깨달았고, 그런데
도 캘리포니아 정부가 이재민은 제대로 지원하지 않으면
서 이 회사에 즉각 구제금융을 제공하는 광경을 목도했
다. 클라인은 에너지 대기업들이 지속가능한 지역형 에너
지를 위한 활동을 막느라 얼마나 애쓰는지 기술하면서,
다른 생존 영역과 마찬가지로 에너지에서도 파편화되고
유해한 현존 인프라를 지역적으로 관리되는 참여적이고
투명한 구조로 대체하는 방향으로 나아가야 한다고 주장
한다.

이런 노력은 우리 삶의 비민주적 인프라(비효율적이고 정
의롭지도 않은 에너지, 식량, 보건, 교통 시스템)를 제거하고 이를
민중의 인프라로 대체하도록 우리의 상상력을 북돋운다.
'파고, 태우고, 버리는' 경제에서 지속가능하며 재생력을
지닌 생활방식으로 나아가는 전환을 상상하고 실현하기
위해 노력하는 사회운동들에 상호부조는 앞으로 나아갈
길을 열어준다.

2장

○

자선이 아니라 연대!

위기에서 사람들을 돕는 방법에 대한 주류의 인식은 자선과 사회적 서비스라는 틀에 의존한다. 반면에 우리는 상호부조가 자선이 아님을 명확히 해야 한다. '자선', '지원', '구호', '사회 서비스'는 가난한 이들에게 일정한 도움을 제공하는 것에 관해 결정하는 정부나 부자들이 주로 쓰는 용어들이다. 즉 누가 도움을 받을지, 도움을 어느 정도로 제한할지, 어떤 수단을 사용할지 결정하는 정부나 부자들 말이다. 이와 같은 도움이 빈곤과 폭력의 근본 원인에 손대기 위해 고안된 게 아니라는 점은 분명하다. 이는 엘리트층이 자신들의 탐욕이 낳은 거대한 사회적 상처에 보잘것없고 효과도 별로 없는 반창고나 붙이려고 모금하며 이미지를 개선하기 위해 고안한 것이다.

오늘날 우리에게 익숙한 자선 모델은 기독교 유럽 세계에서 천국행 표를 사려고 빈자들에게 구호품을 나눠 주던 부자들의 관행에 기원을 두고 있다. 이는 부의 도덕적 위계구조, 즉 부자는 빈자보다 천성이 더 훌륭하고 더 도덕적이며 따라서 그들이 꼭대기를 차지하는 데는 그럴 만한 이유가 있다는 생각에 바탕을 둔다. 자선 모델이 빈곤은 대개 게으름이나 부도덕의 결과이며 도덕적 개선의 여지가 있는 빈자만이 도움받을 자격이 있다는 생각을 고취한다는 것은 놀랄 일도 아니다.

현대의 자선은 수혜자에게 약물 중단, 신앙심, 야간 통행금지, 직업훈련 참여, 육아강좌 수강, 경찰과의 협력, 합법적 이민 자격, 친양자 확인 같은 조건을 요구한다. 자선 프로그램에서는 사회복지사, 의료 서비스 제공자, 교사, 성직자, 법률가, 공무원이 도움을 받을 만한 빈민이 누구인지 결정한다. 그들이 수혜자를 결정하는 방식뿐만 아니라 그들이 강요하는 규칙까지도 흔히 인종주의적이고 성차별적인 편견을 조장하는데, 유색인종 여성이나 이주민 여성이 너무 많은 자식을 낳는다든가, 흑인 가정은 가족으로서 제 역할을 못 한다든가, 선주민 어린이들은 가족과 선주민 지역사회에서 떼어놓는 편이 낫다든가, 빈곤의 원인은 약물 남용이라는 생각이 그러하다.

미국 14개 주에 '가족상한제Family cap'를 부과한 '한시적 빈곤가정 원조Temporary Assistance to Needy Families (TANF)' 프로그램[1] 같은 정부 정책에서 이러한 사례를 확

---

1   1997년에 시작된 미국 연방정부의 빈곤가정 지원 프로그램. 기

인할 수 있다. 이 법률은 빈곤가정이 아이를 더 낳으면 추가 수당을 받지 못하게 제한한다. 예를 들어 매사추세츠 주에서는 자녀가 둘 있는 한부모 가족이 매월 578달러라는 변변치 않은 액수의 TANF 수당을 받는다. 그러나 이미 TANF 수당을 받는 가족에게 자녀가 한 명 더 생기면 이 아이는 수급 자격이 없으며 이 가족은 이제 매월 100달러가 줄어든 478달러만을 받게 된다. 이 정책은 가난한 여성, 특히 유색인종 여성과 이주민 여성이 자녀를 더 낳지 못하게 유도해야 한다는 인종주의적·성차별적 사고, 그리고 빈곤이 어느 정도는 과잉 출산의 결과라는 그릇된 가정에서 나온 것이다. 또한 주거 프로그램을 신청할 자격이 되려면 약물중독 상태가 아니라거나 정신과 상담을 받고 있음을 증명해야 한다는 사실에서도 도덕적 교화를 내세우는 자격요건이 끼치는 해악을 확인할 수 있다.

또한 자선 프로그램은 정부가 운영하든 비영리단체가

존의 '부양 자녀가 있는 가정 지원Aid to Families with Dependent Children(AFDC)' 프로그램을 대체해 도입됐다. 미국에서 '복지welfare'라고 하면 이 프로그램을 일컫는 경우가 많다.

운영하든 모두, 도움받는 것을 비참한 일처럼 보이게 만들고 낙인을 찍는 방식으로 구축된다. 먹고살기 빠듯한 수당을 타기 위해 필요한 서류상 절차를 밟으면서 느끼는 모욕감과 체면 손상, 또는 수급자를 거짓말쟁이나 사기꾼처럼 다루는 끝없는 개인 신상 관련 물음에 답하는 일은 사람들이 복지수당에 의존하지 않고 임금이나 노동조건이 착취적이더라도 일자리를 받아들이도록 만들려고 설계된 것이다. 자선은 부자와 대기업이 관대해 보이게 하며, 부를 집중시키는 시스템을 옹호하고 정당화한다.

자선은 점차 대규모 비영리 부문에 하청되고 사유화되는데, 이는 두 가지 큰 방향에서 가난한 이들보다는 부자들에게 이득이 된다. 첫째, 엘리트 후원자가 상황을 통제하게 된다. 그들은 어디에 기금을 대고 어디에 대지 않을지 결정한다. 비영리단체들은 후원금을 받기 위해 자기가 가장 훌륭한 조직임을 보이려고 경쟁을 벌인다. 경쟁에서 이기기 위해 비영리단체들은 자기네 사업이 후원자들의 눈에 정당해 보이길 바라며, 그래서 특정 문제의 원인과 해법에 대한 기부자의 신념에 도전하기보다는 따르는 방향에서 사업을 펼친다. 예를 들어 기부자는 쉼터 입

소의 조건으로 노숙자들에게 약물 복용을 중단할 것을 강
요하는 비영리단체를 선호할 수 있는데, 왜냐하면 부자들
은 노숙 상태의 원인이 자본주의 주택 시장보다는 가난한
이들의 약물중독에 있다고 믿기 때문이다. 또한 후원금을
얻기 위해 비영리단체들은 자기네 사업이 실제로 문제의
근본 원인을 짚는지에 상관없이 '성공적'이고 '영향력 있
어' 보이게 만들려고 노력한다. 가령 사회 서비스를 제공
하는 비영리단체들은 많은 수의 수혜자들과 함께 일한다
고 주장하곤 할 텐데, 실제로 그들 대다수는 비영리단체
들과의 접촉으로 덜 취약해지거나 필요한 것을 얻지는 못
한다. 마찬가지로 노숙자를 위해 봉사하는 단체들은 때때
로 쉼터 이용을 감소시켰다고 주장하지만, 쉼터를 이용하
길 그만둔 이들은 다양한 이유로 쉼터를 이용하지 않을
뿐 여전히 집 없는 신세다.

　이런 식으로 빈곤 및 노숙자 관련 비영리단체들에게 권
장되는 역할은 본질적으로 단지 가난한 이들을 '관리하는'
것이다. 즉 제한과 조건을 내걸어 감옥 같은 쉼터를 사용
하게 하고는 가계 관리 강좌를 듣게 하거나 약물을 복용
하지 않았음을 증명하게 한다. 그들은 풀뿌리 상호부조

단체들이 주거 정의를 위해 벌이는 보다 위협적이고 효과적인 사업, 즉 탄압에 맞서 천막촌을 방어하고 가난하고 집 없는 이들에게 조건 없는 즉각적인 보건 서비스와 음식을 제공하며 부동산 개발업자·빈민가의 악덕 집주인·젠트리피케이션에 맞서고 실질적인 장기 거주 주택을 위해 싸우거나 그에 접근할 권리를 제공하는 것 같은 일은 하지 않는다. 부자들이 비영리단체들의 자금을 통제하기 때문에 비영리단체들은 기존 질서를 위협하는 사업은 하지 않으며 자기네 전략의 한계를 인정하지도 않는다. 최악의 경우 비영리단체는 취약한 이들을 훨씬 더 취약하게 만드는 프로그램의 일부가 된다. 그 사례로 연방정부의 전산화된 정보관리 툴인 '노숙자관리 정보시스템'이 있는데, 이는 노숙자 대상 서비스·자선단체들이 연방정부의 지원을 받으려면 관리 대상자의 이름과 정보를 기록하게 함으로써 전과자와 불법 체류자를 더 커다란 위험에 빠뜨린다.

둘째, 비영리단체 시스템은 부자들에게 조세 회피 수단이 된다. 그들은 돈다발을 자선재단에 넣어서 세금을 피하고 자신들이 가장 좋아하는 프로젝트에 흘러 들어가게

만든다. 대다수 재단 자금은 모교, 오페라, 미술관처럼 이
사회와 집행이사(미국의 재단들에서는 집행이사의 90% 이상이 백
인이다)가 높게 평가하는 곳으로 간다. 재단은 자산의 상
당 부분을 희사하도록 요구받지도 않는다. 매년 고작 5%
만을 내놓으며, 부자들의 돈을 위한 조세 회피처로서 특
권을 계속 누리면서도 자선을 베푼다는 사회적 인정 또한
받는다. 게다가 이 5%는 친구와 가족을 재단 '임원'으로
삼아 매년 수십만 달러를 지급하는 데 쓰일 수도 있다.

20세기 후반에 급증한 비영리 부문의 탄생은 1960년대
와 1970년대 반인종주의, 반식민지, 페미니스트 운동의
대중적 상호부조 활동이 제기한 위협에 맞선 직접적 대응
이었다. 비영리단체는 진정한 변화는 소수의 유급 전문가
집단이 아니라 수백만의 보통 사람들로 이루어진 운동을
통해 실현된다는 진실을 감추고 불의한 시스템을 정당화
하며 우리의 사기를 떨어뜨리기 위해 고안되었다. 오늘날
빈곤을 해결한다고 자처하는 비영리단체는 대개 백인 엘
리트에 의해 운영된다. 비영리단체와 대학은 석·박사 학
위 소지자가 사회 문제의 해답을 찾아내는 데 적격이라는
생각을 고취한다. 빈곤 문제가 석·박사 학위 소지자만이

풀 수 있는 일종의 알쏭달쏭한 수학 문제인 양 포장하면서 빈곤의 원인을 신비화한다. 그러나 가난한 이라면 누구나 빈곤의 원인이 사장, 지주, 의료보험회사의 탐욕이고, 백인우월주의와 식민주의 시스템이며, 전쟁과 강제 이주임을 안다. 엘리트적 빈곤 해법은 항상 부의 재분배가 아니라 가난한 이들을 관리하는 것이다.

비영리 부문은 불의를 교정하지 못할 뿐만 아니라 조직 내에서 이를 그대로 따라 한다. 비영리단체는 대개 사장(집행이사)이 꼭대기에서 아랫사람들에게 적용될 결정을 내리는 기업처럼 운영된다. 비영리단체는 위계적 모델에 의존하는 다른 기업과 똑같은 문제를 지닌다. 엄청나게 불평등한 급여, 인종과 젠더에 따른 임금 격차, 작업장 내 성희롱, 노동자 착취, 번아웃 말이다. 대부분의 비영리단체는 자신들이야말로 현 시스템의 문제들을 바로잡는 해법이라 떠벌이면서도, 바로 그 시스템을 모방하며 정당화하고 안정시킨다.

자선 모델의 특징이 드러나는 한 가지 방식은 '대의에 함께한다'는 생각이다. 명사와 자선가는 관심을 기울일 쟁점을 골라 기부하거나 모금하는 것이 패션 선택과 마찬

가지로 자기 브랜드의 사업 중 하나임을 보여준다. 삶의
다른 영역과 괴리된 곳에서 자선의 대의를 찾는 이런 생
각은 우리를 한정된 영역에 가둔다. 우리는 대부분의 시
간 동안 무감각한 소비자이되 추수감사절에는 급식 시설
에서 자원봉사를 하고 소셜미디어 계정에 동물권 동영상
을 올리며 가끔은 페미니스트 티셔츠를 입기를 권장받는
다. 오직 비영리단체에서 일하는 소수의 권위자나 전문가
만이 정의에 관심을 기울이는 일을 직업으로 삼음으로써
삶의 더 많은 시간을 그에 쏟아붓는다고 가정되며, 심지
어는 그들조차 여전히 충직한 소비자에 머물기를 요구받
는다.

　정치와 불의를 일상적 삶과 별개로 놓는 잘못된 분리(그
리고 행동주의가 라이프스타일을 드러내는 일종의 장신구라는 생각)는
운동의 사기를 떨어뜨리고 불의의 근본 원인을 감추며 우
리를 수동적 공범에 머물게 한다. 굳건한 사회운동은 정
반대 시각을 제시한다. 우리는 삶의 모든 측면, 즉 우리가
살고 일하며 먹고 즐기며 돌아다니고 하루하루를 버티는
장소와 수단이 바로 불의와 잠재적 저항의 무대라고 주장
한다. 가장 좋은 경우에 사회운동은 우리가 하나의 집단

으로 함께 일할 뿐만 아니라 우정을 나누고 예술 활동을 하며 섹스를 하고 아이들의 부모이자 조언자가 되며 자신과 서로를 먹이고 급진적 공간 및 주거 실험을 벌이며 삶의 모든 측면에서 해방을 일굴 방법에 대해 서로 영감을 주는 생명력 넘치는 사회적 네트워크를 탄생시킨다. 행동주의와 상호부조는 자원봉사나 취미로 느껴져선 안 된다. 행동주의와 상호부조는 세상을 향한 우리의 희망·우리의 열정과 일치하는 삶으로 느껴져야 한다. 우리를 생동하게 해야 한다.

자선 모델은 '받은 만큼 돌려주는 것'에서 기쁨을 느끼라고 한다. 자원봉사를 약간 하거나 온라인에 글을 올리면 그걸로 충분하다고 확신하게 만드는 것은 우리를 한정된 영역에 가두는 최고의 방법이다. 사람들이 세상의 고통(그리고 그들 자신의 고통)에 무감각하도록 관리하는 것은 세상이 바뀌지 않게 하는 데 핵심이 된다. 사실 지금 우리의 상황은 정말 격분할 만하고 끔찍하며, 더 많은 분노, 공포, 비애, 슬픔, 절망을 느껴 마땅하다. 이런 느낌들은 우리가 그릇된 해법에 의해 진정되지 않도록 도울 것이며, 변화를 향해 끊임없이 집단행동을 추구하도록 열정을 불어넣을 것이다.

그렇다고 상호부조가 기분 좋은 일이 아니라는 이야기
는 결코 아니다. 사실 이는 종종 매우 만족스럽고 서로 연
결됐다는 느낌을 주며, 서로 돌보는 관계, 요란한 축하, 영
속적인 목적의식을 창출한다. 내 경험으로 보면, 상호부조
는 실제로 우리를 생동하게 하는 더 많은 개입engagement이
다. 즉 우리를 에워싼 해악을 바라보고 우리가 어떻게 과
거와는 다르게 이와 관계 맺을지 질문하는 더 많은 의지
이자 더 많은 호기심이다. 우리가 직면한 복잡하고 고통
스러운 현실에 더 많이 개입할수록, 그리고 다른 이들과
함께 정의를 위한 사려 깊고 헌신적인 행동에 더 많이 참
여할수록, 무감각한 상태에 머물거나 허울뿐이고 자기 위
안에 불과한 자선의 제스처를 취할 때보다 훨씬 좋은 기
분을 느끼게 된다. 우리가 중시하는 가치가 삶의 모든 부
분을 이끌도록 하는 것은 참으로 기분 좋은 일이다.

상호부조 프로젝트는 많은 점에서 자선 모델 그리고 현
재 비영리 부문에서 이것이 반복되는 현실과 대립되는 특
징을 지닌다. 상호부조 프로젝트는 소수의 전문가가 아니
라 많은 민중을 참여시키며, 낙인찍힌 사람들을 더욱더

배제하는 자격 기준을 적용하는 것에 맞서고, 마음에 드는 명분a pet cause이 아니라 우리 삶에 어우러진 일부이며, 문제의 근본 원인에 대한 공동의 분석을 발전시키고, 이러한 원인을 해결할 수 있는 사회운동에 사람들을 결합시킨다. 이 책의 2부는 우리가 어떻게 운동가 집단이라는 환경 안에서조차 반복되기 쉬운 자선 모델과 학습된 위계적 행위의 함정을 피해 이러한 목표들을 성공적으로 달성할 수 있는지에 초점을 맞출 것이다.

지금 우리가 무엇을 구축하는지 그리고 이를 지속시킬 수 있는지가 다음번 팬데믹, 다가오는 기후재앙, 백인우월주의와 자본주의의 끊임없는 재앙 그리고 그것들을 변화시킬 멋들어지게 단절적인 반란에 대해 얼마나 준비 태세를 갖출지를 결정할 것이다.

3장

o

더 많이 요구해야
더 많이 얻는다

재난은 단절의 순간이다. 재난이 일어나면 기존 시스템이 붕괴하고, 그런 다음에는 보수되거나 대체 혹은 철폐된다. 재난은 불평등을 더욱 심화시키고 폭로하며, 엘리트들이 무시하거나 눈에 보이지 않게 숨기려 애쓰는, 이미 존재해온 위기를 드러낸다. 재난이 일어나면 정부와 대기업은 최대한 신속히 기존의 착취와 이윤 획득으로 돌아가기를 바라며 재난 해결의 공을 독차지하면서 구호 요구를 잠재우기 위해 재빨리 재난의 규모를 축소 평가하는 입장을 취한다. 또한 정부와 상위 1%는 그들이 바라는 개혁을 밀어붙일 기회로 재난을 이용하기도 한다. 예를 들어 코로나19는 FBI, 마약단속국과 지방경찰에게 수억 달러를 지원하고, 공중보건 규정을 위반했다는 근거만으로도 가난한 이들을 괴롭히고 형사처벌할 수 있는 경찰 재량을 확대하며, 국경을 폐쇄하고 환경 규제를 미루는 등 우익에게 전리품을 안겨주었다.

하지만 재난은 불의를 폭로하고 좌익적 요구를 관철할 기회이기도 하다. 코로나19는 불의에 맞선 저항에 사람들을 참여시킬 기회이기도 했다. 더 많은 이들이 해고되거나 위험한 일을 하도록 강요받을수록 우리는 더욱더 지주, 기업주, 경찰, 교도소, 이윤 주도 보건 시스템에 맞서 단결하게 된다. 최악의 팬데믹 충격을 억제하려고 노력하는 과정에서 등장한 정부 대책 중 일부는 우리에게 새로운 생활방식으로 나아갈 수 있다는 희망을 안겨주었다. 퇴거 중지, 실업급여 인상과 소득 지원, 무상 대중교통, 학자금 대출 상환 유예 등이 그것이었다. 이런 대책은 보편적이지도 않고 충분하지도 않았지만, 우리 운동이 이제껏 쟁취하려 한 것 중 다수가 실현 가능함을 증명했다.

재난은 정치의 방향을 결정하는 시기로서, 상당수의 성공 혹은 실패가 결정될 수 있는 국면이다. 우리가 바라는 세상을 쟁취하는 데 성공한다는 보장 같은 것은 없다. 현재 토지, 노동, 식량, 주거, 교통, 무기, 물, 에너지, 언론의 대부분을 통제하는 우리의 적들은 부가 편중되고 폭력이 특정 집단에 집중되는 기존 질서를 유지하고, 자신들의 권력과 이윤 증대를 위해 이를 더욱 악화하려 혈안이 돼 있다. 저들이 통제하지 못하는 것이 무엇인지를, 즉 그것이 바로 우리임을 우리가 집단적으로 깨닫고 그래서 저들의 시스템을 집단적으로 거역하고 혼란에 빠뜨려 삶을 꾸려가는 방식을 재장악할수록 우리의 승리 가능성은 높아진다. 최대한 많은 이들이 살아남길 바라고 단기전에든 장기전에든 승리하길 원한다면, 우리는 사람들을 도우면서 **동시에** 운동에 참여시키기 위해 재난 국면을 활용해야만 한다. 이를 실행하는 방식이 바로 상호부조다. 코로나19 팬데믹 중에 상호부조 단체들이 급증했고, 지난 수십 년간을 합친 것보다 더 많은 이들이 상호부조를 조직하는 방법을 학습하고 있다. 이는 많은 변화를 이뤄낼 커다란 기회다.

우리에게는 수백만의 새로운 사람들을 활동으로 이끌어 그들을 격분케 하는 위기와 불평등의 근본 원인을 보다 깊이 이해하며 대담한 집단행동 역량을 구축하도록 만들 수 있는 상호부조 단체와 네트워크가 필요하다. 위기의 절정을 넘기면 사라지는 게 아니라, 사람들을 지원하고 더 큰 승리를 위해 계속 압력을 행사할 수 있는 꾸준하며 한결같은 운동의 한 부분을 이루는 단체와 네트워크가 필요하다.

운동이 구축되면 정부, 대기업, 거대 언론은 세 가지 방식으로 상호부조에 접근할 텐데, 다음에 기술한 내용처럼 이 모두가 코로나19 팬데믹 와중에 이미 모습을 드러냈다. 이 세 반응은 다양한 기관, 선출직 공직자, 정부의 각 층위에 걸쳐 동시에 나타나는 경우가 많다. 우선 일부는 상호부조 활동의 급증을 무시한다. 또 다른 일부는 이를 자원봉사 담론 안에 가둬두려 하며, 상호부조 활동을 '영웅적'이라 칭하면서 기존 시스템과 대립하기보다는 시스템과 정부의 노력을 보완하는 것으로 묘사하려고 애쓴다. 마지막으로 일부 경찰·첩보기관은 상호부조 활동을 감시하고 범죄시한다.

이는 2012년 허리케인 샌디[1]에 대응하는 과정에서 뚜렷이 드러났다. 오큐파이 월스트리트 운동에서 태동한 자원활동가 기반 상호부조 네트워크인 오큐파이 샌디Occupy Sandy[2]가 6만 명 이상의 자원활동가를 조직하여, 정부가 도움을 줄 준비가 전혀 안 됐던 탓에 끔찍한 상황에 무력

---

1 2012년 10월 말에 카리브해와 미국 동부 해안을 덮친 허리케인. 역사상 가장 강력한 허리케인이었으며, 그래서 흔히 '초폭풍superstorm 샌디'라 불린다.

2 허리케인 샌디의 피해를 입은 이들이 상호부조 방식으로 구호하려 한 운동. 전년에 오큐파이 월스트리트 운동에 참여했던 이들이 이 운동을 주도했다.

하게 방치된 사람들에게 음식, 물, 의약품, 기타 필수품을
공급했다. 오큐파이 월스트리트를 염탐하던 국토안보부[3]
는 오큐파이 샌디로까지 첩보활동 대상을 넓혔지만, 동시
에 뉴욕시청의 일부 기관은 오큐파이 샌디가 배급할 물
품을 확보하는 데 도움을 주었다. 뉴욕주지사 앤드루 쿠
오모Andrew Cuomo[4]와 뉴욕시장 마이클 블룸버그Michael
Bloomberg[5]는 자신의 평판을 관리하는 데만 치중하며 오큐
파이 샌디의 현장 활동은 대체로 무시했다.

　이런 세 가지 반응 모두의 근본 목적은 현 시스템의 정
당성과 안정성을 다지면서, 인간의 필요를 충족하는 대안

3　2001년 뉴욕 세계무역센터 붕괴 이후에 미국 정부가 이른바 '테러와
　의 전쟁'을 펼치면서 2003년에 신설한 부처. 테러를 예방한다는 미명
　아래 시민들을 감시하는 것으로 악명 높다.

4　민주당 소속으로 2010년에 뉴욕주지사에 당선되고 이후 10년간이나
　자리를 지켰지만 성추행 혐의가 폭로되며 2021년 주지사직을 사임
　했다.

5　월스트리트의 주요 미디어 중 하나인 블룸버그 통신을 설립한 기업인
　이며, 민주당 소속으로 2001년에 뉴욕시장에 당선된 뒤에 2013년까
　지 10년 넘게 연임했다. 2020년 대선 후보를 뽑는 민주당 예비경선에
　서 샌더스의 대항마를 자처하며 후보로 출마하기도 했다.

적 방식을 깎아내리는 것이다. 그나마 운이 좋을 경우, 상호부조 프로젝트는 현 시스템에 전혀 위협이 되지 않는 일시적인 부속품이라는 프레임에 갇힌다. 상호부조 프로젝트가 정부보다 훨씬 성공적으로 필요를 충족할 경우 선출직 공직자와 정부 기관은 때로 이러한 프로젝트에 연줄을 대며 정당성을 확보하려 하기도 한다. 최악의 경우, 상호부조 프로젝트는 불법에다 위험하고 범죄적인 것으로 묘사된다. 블랙팬서당의 아침식사 프로그램에 대한 경찰의 공격이나, 보다 최근에 미국 남부 국경지대에서 이민자를 지원한 '죽음은 이제 그만No More Deaths'[6] 의료 캠프에 대한 트럼프 정부의 불시 단속에서 보듯이, 상호부조 활동이 현 시스템에 맞서 자율성과 공동 행동을 실제로 구축하고 정당화한 경우 정부는 이들을 단속하는 게 일반적이다.

상호부조 활동에 대한 범죄 취급, 즉 범죄화Criminalization

---

6 멕시코-미국 국경지대인 애리조나주에 본거지를 두고 불법 이주민의 생명을 지키기 위해 활동하는 단체. 이 단체에 속한 자원활동가들은 사막에 버려진 이주민들에게 물, 음식, 의료 서비스를 제공한다.

는 사회운동의 역사 내내 지속되었는데, 그 이유는 바로 상호부조가 불의한 시스템과 정면 대결하며 대안을 제시한다는 데 있다. 활동 지역의 사법 당국이 금지하는 임신 중절 약품이나 시술(수술)에 접근하도록 돕거나, 약물 사용이 불법인 곳에서 약물 상용자에게 깨끗한 주사기와 안전한 소비공간을 제공하거나, 성매매가 범죄화된 곳에서 관련자들이 안전하도록 지원하거나, 노숙자들이 빈집을 점거하도록 돕는 등 오늘날 특히 위험을 감수하고 상호부조 현장 활동을 펼치는 단체들은 안전의 위협 속에서 길을 찾는 방법에 관해 우리 모두에게 유용한 지식과 경험을 축적하고 있다. 경찰을 피하고/피하거나 대결하고 정보통신 보안을 확보하며 가장 취약한 이들이 위험에 노출되지 않도록 쉼터를 제공하는 이 단체들의 경험과 방법을 연구한다면, 우리의 활동이 (바라건대) 기존 질서를 위협할 준비 태세를 갖추게 한다는 점에서 모든 상호부조 단체에게 도움이 될 수 있다.

운동과 저항이 증가하는 상황(2020년 여름 인종주의적 경찰 폭력에 맞선 봉기 같은)에 봉착하거나 또 다른 재난에 따른 불안정이 우려될 경우에 대기업과 그 대변자인 정부는 때로 양보 조치를 내놓을 것이며, 그 조치 가운데 다수는 상호부조 프로젝트가 제공하는 것과 유사할 것이다. 코로나19 기간 같은 심각한 사회적·경제적 혼란 국면에 정부는 흔히 복지수당, 실업수당 혹은 일시적인 경기부양 지원금의 형태로 소득 지원책을 확대한다. 그러나 정부 지원은 사적 자산에 대한 무단 점거를 합법화하거나, 이동 진료소를 운영하거나, 공립학교에서 급식을 제공하거나, 갱생을 위한 법률 프로그램을 창설하거나, 교도소에서 석방된 이들에게 기반을 마련해주는 등의 형태를 취할 수도 있다. 이러한 양보는 예전에는 상호부조 단체들만 제공하던 것을 정부가 공급한다는 점에서 운동의 부분적 승리로 경축될 수 있다. 저들이 우리를 흡수해야 할 만큼 우리의 조직이 강해진 것이다! 또한 이러한 양보는 상호부조 단체가 접촉할 수 있는 것보다 더 많은 이들에게 필수적인 지원을 제공할 수 있는데, 가령 농무부의 무상 아침식사 프로그램은 그 발단이 된 블랙팬서당의 아침식사 프로그램보다 훨씬 많은 어린이에게 급식을 확대했다.

하지만 이런 양보는 어쩔 수 없이 제한적임을 기억하는 게 중요하다. 첫째, 이러한 양보는 불안정 국면이 끝나면 축소되거나 철회될 수 있다. 이것이 미국에서 빈민 구제의 역사적 패턴이었다. 이는 위기 중에는 확대되었다가 위기가 완화되자마자 축소되고 비난의 대상이 되었으며, 사람들은 급속히 다시 절망에 빠지고 고용주에게 착취당했다. 둘째, 정부의 지원이 때로 지역적 상호부조에 비해 더 많은 이들에게 닿기는 하지만, 노숙자나 불법 체류자 신세로 지하 경제에서 일하며 범죄자 취급당하는 이들 같은 특수한 취약층은 흔히 이 지원에서 배제되곤 한다. 노령·장애인수당에서 빈곤가정 지원에 이르는 미국의 복지 및 소득 지원 프로그램은 일관되게, 여성, 유색인, 선주민이 지원 대상에서 제외되거나 지원 액수가 적게끔 설계되어 있다. 예를 들어 대공황이 초래한 반자본주의 항쟁을 진정시키고 자본주의 시스템을 안정시키기 위해 등장한 뉴딜은 여성과 가사·농업 노동자(아프리카계와 중남미계가 많은)가 복지 혜택을 받지 못하도록 설계되었다. 또한 뉴딜은 다수의 혜택을 근로 여부와 연계함으로써 장애인을 빈곤에 빠뜨리는 기존 질서를 연장했다.

중요한 필수재를 공급하려고 자본주의·제국주의 시스템에 의존할 때마다 우리는 이러한 공급이 중단되기 쉬운

데다 불충분할 것이라고, 훨씬 많은 부를 현 시스템의 본래 지원 대상인 집단, 즉 백인, 부자, 이성애자, 남성에게 이전하려고 설계된 것이라고 의심해봄 직하다. 많은 경우에 양보는 전혀 실행되지 않으며, 오로지 저항을 누그러뜨리려는 의도에서 나온 헛된 약속에 머물곤 한다.

양보와 관련해 분명한 한 가지 패턴은, 변화는 최소한만 허락하면서 최대한 기존 질서를 유지하는 것이 엘리트의 목표이기 때문에 우리가 더 많이 요구하고 더 대담하고 거대한 압력을 행사할 때만 더 많이 얻어낸다는 점이다. 낙인효과를 수반하는 인색한 복지수당이라도 받아내기 위해서는 대공황 시기와 1960년대 반인종주의 봉기에서 나타난 것 같은, 자본주의의 존재 자체를 위협하는 대중운동이 있어야 했다. 수십 년 동안 경찰의 야만성에 맞서 궐기한 결과는 고작 표피적인 경찰 개혁이었으며, 그 개혁은 상당 부분 오히려 경찰 예산과 인원만 늘려주었다. 달리 말하면, 불만족스러운 양보조차 거대하고 한결같으며 전복적인 대중의 참여 없이는 실현되지 못한다. 비영리단체 지도자와 정치인은 흔히 '실용주의'와 평화적인 점진적 변화를 권하지만, 우리가 진정한 변화를 쟁취하려

한다면 진짜로 실용적인 것은 우리가 바라는 바에 관한
가장 급진적인 상상이고, 이를 쟁취할 직접행동의 확대
다. 위기(급작스러운 재난 위기, 강력한 사회적 저항이 낳은 위기) 중
에 얻어낸 양보는 그것을 필요로 하는 대중의 참여를 통
해서만 힘을 유지하며 지속될 것이다. 그 길목을 가로막
고 있는 엘리트층과 비영리단체는 우리에게 소박하고 '사
리에 맞거나' '쟁취 가능한' 요구를 내놓으라고 권하며,
'평화적 저항'과 '협상장에 나오라'는 담론을 통해 우리의
행동을 전복적이지 않은 공식적 경로로 이끌려고 시도한
다. 그들은 우리가 허물어뜨리려 하는 시스템이 근본적으
로 공정하며 교정 가능하다는 전제에 바탕을 둔 개혁을
권고한다. 우리는 저들이 제시하려 하는 양보에 우리의
비전을 가두길 거부해야만 한다. 우리가 바라는 바는 우
리 삶을 통제하는 시스템이 폐지된 전혀 다른 세상이다.

　양보가 우리의 영향력을 보여주는 신호라 하더라도, 최
선의 경우에조차 일부 대중에게 일정한 구제책을 제공하
면서도 궁극적으로는 현 시스템을 안정시키는 역할을 한
다면, 진정한 성취란 도대체 어떤 모습일까? 우리가 제공
하고 있는 바를 미래 언젠가 정부가 우리 대신 제공하는

것이 목표가 아니라면, 상호부조 단체를 구축하면서 우리는 무엇을 바랄 것인가? 현 시스템이 부당한 권위에 바탕을 두면서 우리를 이에 묶어두려고 강제와 폭력을 사용한다면, 이 시스템이 본질적으로 부와 결정 권한을 집중시키려는 목표를 추구한다면, 그럼 대안은 무엇인가?

가장 군사화된 국경, 가장 광범히 퍼진 감시 기술, 가장 심각한 부의 집중, 인간 역사에서 가장 많은 인원의 감금, 가장 많은 군사 기지와 첨단기술 무기, 가장 발전된 선전 메커니즘 등을 갖춘 세상에서 살아가는 현재 우리 처지에서 다르게 살아가는 방식을 상상하기란 극히 어려울 수 있다. 재난 시기에는 야만적인 정부 실패를 겪은 뒤라 다들 조금이라도 다른 정부가 있었으면 하고 바라는 상황이기 때문에, 자비로운 정부라는 환상이 퍼지곤 한다.

구세주 정부를 바라는 우리의 꿈이 그토록 강렬한 이유 중 하나는 강제가 아니라 집단적 자기결정 원칙에 바탕을 둔 체제를 통해 인간의 핵심적인 필요를 충족하는 세상을 상상하기가 힘들다는 것이다. 우리는 재난의 심각성을 부인하면서 사람들을 폐허 속에 방치하는 정부냐, 치안 강화·감시·군사화·최상층을 위한 부의 이전 등을 수

반하는 불충분한 원조를 대책으로 내놓는 정부냐 하는 양
자택일에 익숙해 있다. 이는 제대로 된 선택이 아니다. 식
량, 건강, 주거, 소통, 교통수단 등 일상을 버틸 수단을 자
본주의가 너무나 강하게 통제하는 데다 우리가 스스로 통
제할 수 없는 시스템에 너무나 의존하는 탓에, 또 다른 방
식으로 생존할 수 있다고 상상하기 힘들 수도 있다. 그러
나 인류 역사의 대부분에 우리는 다른 방식으로 생존해왔
고, 상호부조 프로젝트는 이것이 가능하며 해방적임을 다
시 배우게 해준다.

상호부조 프로젝트를 통해 우리는 존엄성, 돌봄, 정의를
향한 공동의 헌신에 바탕을 두고 자신과 서로의 필요를
충족하는 훈련을 한다. 상호부조 프로젝트를 통해 우리는
모두가 소중하며 문제의 해법을 찾는 과정에 모두가 참여
해야 한다는 신념에 따라 우리의 행동을 공동으로 조직하
는 훈련을 한다. 상호부조 프로젝트를 통해 우리는 우리
에게 닥친 위기를 해결하는 방법은 우리가 제일 잘 안다
는 사실을 깨닫는다. 우리는 전문가나 정부 관료 혹은 엘
리트가 '권위자'라 인정한 이들에 의해 구원받을 필요가
없다. 상호부조가 발전시키는 실천과 구조를 통해 우리는

우리의 목표를 향해 나아간다. 그 목표란, 물에 빠질지 헤엄을 칠지 택일해야 하는 거짓 선택, 즉 야만적이고 착취적인 노동·사회보험제도·주거시장에 편입될지 아니면 추운 바깥에 방치되는 위험을 감수할지 하는 거짓 선택을 강요받지 않고 사람들이 자기 삶의 모든 부분에 대해 목소리를 내는 집단적 자기결정에 따라 조직된 사회다.

만인이 자기에게 필요한 것을 갖고 자기 삶의 구조와 조건을 의미 있게 공동 운영하고 공동 관리co-steward하는 수준으로까지 상호부조를 '업그레이드scaling up'하려면, 어떻게 해야 하는가? 대기업과 비영리단체 모델의 지배 탓에 사람들은 흔히 업그레이드란 곧 집중화와 표준화 프로젝트라고 생각한다. 그러나 이는 상호부조가 전하는 지혜의 정반대다. 업그레이드한다고 해서 단체를 대형화하거나 지역·주·국가를 넘어 하나의 조직으로 통합해야 하는 것은 아니다. 지역에서 이뤄지는 상호부조는 재난을 비롯한 온갖 상황에서 사람들의 필요를 더 훌륭하게 충족하는데, 왜냐하면 지역을 가장 잘 아는 이들이 결정을 내리거나, 우리에게 영향을 끼치는 결정을 우리 스스로 내리는 경우에 우리의 필요는 가장 훌륭하게 충족되기 때문이다.

상호부조 활동을 업그레이드한다는 것은 더욱더 많은 상호부조 단체를 창설하며, 서로의 가장 훌륭한 실천을 본받고 이를 특정한 동네·하위문화·소수자 거주지에 맞춰 변용함을 뜻한다. 이는 단체 간 조정, 자원과 정보의 공유를 뜻하며, 서로 기댈 언덕이 되어주면서 세입자 파업, 노동자 파업이나 부패한 정부와 기업의 전복 같은 보다 거대한 행동을 취하기 위한 동맹으로 결집하는 것을 의미한다. 노동자들이 고용주를 내쫓고 공장을 장악하여 이를 어떻게 운영하고 모두에게 공정한 시스템을 만들지 함께 결정하는 공장 점거가 그런 유형 전환의 좋은 사례다. 즉 노동자 파업이 공장 점거가 될 때, 기존 운동이 업그레이드됐다고 할 수 있다. 마찬가지로 우리는 태양광 발전을 이용하는 지역 에너지 그리드를 구축하기 위해 노력하는 사람들을 상상해볼 수 있다. 이 그리드를 발전시키고 돌보는 것은 사용자들이겠지만, 그들은 지역 그리드를 구축·유지하는 다른 단체들과 함께 실천과 자원을 공유할 수 있다. 거버넌스와 혁신은 지역 수준에서 이뤄지지만, 지식·지원·연대는 네트워크를 이루고 공유되는 것이다.

　모든 것을 공유하며 모든 일을 공동 운영하고 우리에게

필요한 모든 것을 가지며 강제와 지배에 의존하지 않는 사회를 상상하려면, 우리는 사람들의 본성이 탐욕적이라고 말하는 자본주의 선전에서, 우리가 본분을 지키게 만드는 경찰이 없다면 사재기하고 서로 손해를 입힐 거라는 자본주의 선전에서 벗어나야 한다. 오히려 재난 시기에 특히 분명히 드러나듯이 사람들의 본성이 너그러우며 연결을 지향한다는 점에 주목할 수 있다. 비록 백인우월주의, 가부장제, 자본주의에 조종되는 상태에서 벗어나야 한다는 문화적 멍에를 짊어진 경우가 많기는 하지만 말이다. 폭풍, 홍수, 화재가 휩쓸고 간 뒤에 사람들은 자기가 가진 적은 것이나마 공유하며 다른 이들을 구하곤 한다. 우리 가운데 많은 이들은 상호부조 프로젝트를 통해 이러한 관대함의 실천을 심화할 기회를 갖게 되며, 이를 우리가 공동 운영하는 장기적 지원 시스템으로 만듦으로써 모두가 위기에서 살아남으면서 동시에 변화를 위한 노력에 동참하도록 하는 기회를 얻게 된다.

상호부조는 사회운동 생태계에서 단지 한 가지 전술일 뿐이다. 이는 직접행동, 정치교육 그리고 다른 많은 전술과 더불어 작동한다. 그러나 이는 운동을 성장시키고 민중 권력을 구축하도록 가장 성공적으로 돕는 전술인데, 왜냐하면 사람들을 **지금 당장** 상황을 바꾸는 공동 행동으로 이끌기 때문이다. 코로나19 위기를 배경으로, 기후변화가 초래한 재난 지대에 경제위기가 덮친 와중에 상호부조가 확장됨에 따라, 우리는 수백만 명의 새로운 저항 투사를 육성하고 서로 장기적으로 협력하도록 스스로를 가르치며 집단생활의 모든 영역에서 연대에 바탕을 둔 공동 관리를 실천할 능력을 발전시킬 기회를 갖게 된다. 앞으로 수년, 아니 수십 년에 걸쳐 우리의 지역사회에는 기후위기로 인해 재난이 점점 심각한 규모로 끊임없이 닥칠 것이다. 우리가 지금 상호부조 네트워크를 더욱 강력하게 구축할수록 이런 재난에서 살아남으면서 동시에 해방을 향해 우리의 생활방식을 함께 변혁하도록 서로 도울 준비 태세를 더욱 확고히 갖추게 될 것이다.

MUTUAL
AID,
BUILDING
SOLIDARITY
DURING THIS
CRISIS
AND THE
NEXT

2부

목적의식을 가지고 협력하기

상호부조 활동은 **지금 당장** 사람들의 생존 욕구를 충족하면서 동시에 수백만 대중을 운동에 참여시켜 정의와 해방을 위한 투쟁에 결합하게 한다는 점에서 중요하다. 이제 막 불의에 분노하게 된 사람들은 대체로 그들이 맞닥뜨린 조건이나 그들이 돌보는 사람들과 직접 관련된 활동에 주력한다. 상호부조 프로젝트는 사람들이 당장 급하다고 느끼는 것들을 넘어서는 활동에 나서게 하고, 아직은 매력을 느끼지 못하는 것들에 관해 더 많이 배울 기회를 열어주는 사회운동과 연결하도록 만들며, 새로운 연대를 구축하는 진입로다.

이 책의 2부는 상호부조 프로젝트를 시작하길 바라거나 이미 이런 프로젝트에 참여 중인 이들 혹은 상호부조 활동이 꽃피우게 하는 집단 문화와 구조를 의식적으로 구축하길 원하는 이들을 위한 내용이다. 4장은 상호부조 단체가 부딪히는 보다 커다란 정치적 함정의 일부에 관해 기술하며, 5장은 상호부조 활동에서 나타나는 공동의 장애물을 극복할 수단을 제시함으로써 문제의 핵심을 파고든다.

2부에는 단체가 갈등을 해결하고 자선 모델이나 비즈니스 모델의 관행에 빠져들지 않도록 하기 위해 사용할 수 있는 방법뿐만 아니라, 단체 내 개인이 우리의 원칙에 따라 최대한의 자애와 돌봄을 통해 상호부조 활동 능력을 확장하기 위해 사용할 수 있는 방법에 관한 아이디어가 포함되어 있다.

4장

○

상호부조의
몇 가지 위험과 함정

비록 자선 모델에 명시적으로 반대하며 활동하는 경우라 할지라도, 만일 우리가 원칙에 깊이 뿌리내리지 않고 세심한 식별력을 훈련하지 않는다면 상호부조 프로젝트는 자선 모델의 진부한 곡조로 흘러가버릴 수 있다. 상호부조 단체는 네 가지 위험한 경향과 맞닥뜨린다. 첫째는 도움받을 자격이 있는 사람과 없는 사람을 나누는 것이고, 둘째는 구세주주의에 빠지는 것이며, 셋째는 제도권에 흡수되는 것이고, 넷째는 공공 인프라를 없애고 사기업과 자원활동만능주의로 대체하려는 시도와 협력하는 것이다.

도움받을 자격의 위계구조

사람들은 기존 프로그램이나 그 밖의 서비스가 자신들의 필요를 충족하지 못하고 특정한 취약 집단을 방치하는 경우가 많기 때문에 상호부조 프로젝트를 시작한다. 연방재난관리청[1]에 오명을 안겨준, 재난대응 실패가 좋은 예

---

1 미국 연방정부가 주 단위를 넘어 전국적으로 재난에 대처하기 위해

다. 2018년 캘리포니아주에서 발생한 대형 산불인 캠프 파이어는 주 역사상 가장 치명적이고 파괴적인 산불이자 미국에서 100년 만에 최악의 산불이었고, 그해 전 세계에서 피해액이 가장 큰 자연재해였다. 최소 85명이 산불로 사망했고, 1만 8,800채 이상의 건축물이 파괴됐으며, 5만 2,000명이 대피했고, 총 피해액은 165억 달러로 추산됐다. 산불 이재민의 천막촌이 캘리포니아주 치코시의 월마트 주차장에 들어섰다. 산불이 나고 며칠 뒤에 이재민 가운데 새 거처를 찾을 여유가 되거나 가족 혹은 친지 집에서 지낼 수 있는 이들이 천막촌을 떠나기 시작하자 시청 공무원과 언론은 남은 이들을 동정받을 만한 산불 생존자가 아니라 도움받을 '자격이 없는' 보통의 노숙자와 떠돌이로 치부했다. 연방재난관리청의 자격심사 절차에는 자격의 위계구조가 수립됐고, 재해 이전의 주소지를 확인할 수 없는 사람, 즉 노숙인이나 가난한 동네에 종종 있는 개별 우편주소가 없는 주거지에 살던 이들은 배제되었다.

1978년에 설립한 기관. 2002년에 국토안보부가 신설된 뒤에는 국토안보부 산하기관이 됐다.

자격 있는 재난 생존자와 자격 없는 재난 생존자의 구별은, 갑자기 이재민이 된 주택소유자와 세입자는 동정받을 만한 희생자이지만 자본주의의 일상적 재난 탓에 이미 삶의 터전에서 추방된(그리고 폭풍이나 화재 같은 중대 재해 이후에 특별히 취약한 처지에 놓인) 이들은 비난받아야 하고 도움받을 자격이 없다는 생각에 바탕을 둔다. 앞에서 주장했다시피, 국가와 비영리단체의 재해 복구 및 사회 서비스 모델은 기존의 부의 분배 방식을 변혁하는 게 아니라 안정시키려 노력하는 것이 일반적이다. 그러니 가장 가난한 이들에게 아무것도 제공하지 않는 이유를 알 만하다.

허리케인 샌디와 카트리나 같은 재난이 있고 나서 연방정부는 주택소유자와 자영업자에게 대출을 제공했고, 재산 피해를 입은 세입자에게는 이보다 작은 규모의 대출을 제공했다. 하지만 '신용도가 높다'고 평가받은 이들만이 대출 자격을 얻었고, 그중 다수도 결국 한 푼도 지원받지 못했다. 위기에 빠진 이들은 빚이 늘어난다고 해도 별로 도움이 되지 않을 테지만, 이렇게 빚을 떠안김으로써 은행은 이자소득을 번다. 이와 비슷한 사례로, 코로나19 1차 유행 중에 미국 연방정부는 경제적 손실을 겪은 기업에 대출을 제공했다. 거의 즉각적으로 쉐이크쉑Shake Shack 과 포트벨리Potbelly 같은 거대 기업이 수백만 달러를 받은 반면, 유색인 영세 자영업자는 얼마 받지 못했다는 이야기 들이 쏟아져 나왔다. 노동자들의 경우를 보면, 가장 불안정한 일자리에 종사하는 이들이 구제 대책으로 제시된 경기부양 지원금과 실업수당 대상에서 제외됐다. 불법 체류자는 구제 대책 대상자가 될 자격이 없었다. 재난 구제와 빈곤 구제는 불평등을 유지하고 악화하는 방향으로 설계되었다. 자격 담론은 이러한 설계에 정당성을 부여한다.

상호부조 프로젝트는 정부의 구제 프로그램이 '자격이 없다'거나 '부적격'이라고 낙인찍힌 이들을 배제하는 데 대한 경각심 때문에 등장하는 경우가 많지만, 상호부조 단체 또한 때로 문제적인 자격조건의 위계구조를 스스로 수립하기도 한다. 예를 들어 상호부조 프로젝트는 약물중독 상태가 아닐 것을 요구하거나, 특정 유형의 전과를 지닌 이들을 배제하거나, 자녀가 있는 가족만 사업 대상에 포함하거나, 정신장애인은 행동 규칙을 지키지 못한다며 제외하면서, 자격조건의 틀을 정부와 똑같이 도덕적으로 정당화한다.

멀 빔Myrl Beam은 저서《게이 주식회사: 퀴어 정치의 비영리단체화Gay Inc.: The Nonprofitization of Queer Politics》에서 퀴어와 트랜스젠더 청년들이 지역사회를 돕기 위해 설립한 미니애폴리스 단체 이야기를 전한다. 단체가 공식화되고 기부를 받자 청년들이 운영한다는 애초의 임무와 목표에서 벗어나 장년층이 주도하게 됐다. 이 단체는 쉼터drop-in space에 찾아오는 청년의 신분증을 확인하려는 지방 경찰에게 협력하기 시작했다. 이는 범죄자 취급당하는 젊은이(대개 유색인 젊은이)를 쉼터에서 쫓아내고 도움을 바라는 이들을 위험에 빠뜨렸으며, 한때 상호부조 단체였던 조직을 지방 경찰청의 확장판으로 변질시켰다. 상호부조 프로젝트가 남들보다 더 낙인찍힌 처지에 있는 이들을 도움받을 자격이 없다고 규정한다면, 이는 자선 모델을 그대로 따르는 것이다.

자선 모델은 원조와 범죄화를 하나로 묶어 누가 도움을 받고 누가 배제될지 결정하는 경우가 많은데, MADR의 한 참여자가 전하는 이야기에서 이를 확인할 수 있다.

허리케인 어마²가 지나간 뒤에 지방 보안관이 "어마 때문에 대피소에 온 분들 중에 구속영장이 발부된 사람이 있다면, 포크 카운티 교도소라 불리는 안전하고 안심할 수 있는 대피소로 기꺼이 모시겠습니다"라고 밝혔다. …사실상 가장 취약한 이들을 겨냥해 원조를 무기로 이용한 것이고, 수많은 삶을 위험에 빠뜨리는 짓이다. …재해가 있고 나서는 늘 놀랄 만큼 많은 총이 거리에서 눈에 띈다. 타는 듯한 플로리다나 텍사스 혹은 푸에르토리코의 태양 아래에서 전기를 쓸 수 없거나 에어컨이 없어 탈수 상태에 빠진 어린이에게 필요한 것은 M16이 아니라 경구용 전해질 용액을 휴대한 사람이다.

구세주주의와 온정주의

상호부조 프로젝트는 구세주주의, 자기만족, 온정주의 또한 조심해야 한다. 위기에 직면한 집단은 구원을 간절히 바라게 마련이며, 그들의 구세주는 자신의 우월한 지위를

---

2   2017년 9월에 허리케인 마리아가 훑고 지나가고 2주 만에 다시 카리브해와 미국 플로리다주 등을 덮친 허리케인.

활용해 이 사람들과 장소를 개조하려는 생각에, 낡고 고장 난 생활방식을 보다 영리하고 수익성이 좋으며 도덕적인 것으로 바꾸려는 생각에 빠진다. 허리케인 카트리나가 휩쓸고 지나간 뒤에 정치인, 비영리단체, 연예인 자선가, 기업 등이 뉴올리언스시와 거기 사는 사람들을 개조하는 계획을 모의했는데, 그 방법은 공공주택을 없애버리고 흑인 거주지를 영구 이전시키며 학교를 사립화하고 공중보건 인프라를 파괴하는 끔찍한 '혁신'을 단행하는 것이었다. 폭풍, 홍수, 화재가 훑고 지나간 뒤에는 엘리트들의 계획과 꿈을 중심에 놓은 채 가장 손실을 입은 계층에게 진짜 피해를 안겨주는 이런 유의 '재건' 돌풍이 부는 경우가 많다.

범죄자로 취급되는 이들과 복지수당을 청구하는 이들에게 육아 강좌, 가계관리 강좌, 분노조절 강좌를 수강하도록 강요하는 복지 시스템과 형사처벌 시스템 내 프로그램에서는 온정주의도 찾아볼 수 있다. 도움을 주는 이들이 도움이 필요한 이들을 '교정'할 필요가 있다는 생각에는, 사람들이 빈곤과 주변화에 내몰리는 것은 시스템 문제가 아니라 개인적 결점 때문이라는 관념이 깔려 있다.

여기에는 원조를 제공하는 이들이 더 우월하다는 생각 또한 담겨 있다.

상호부조 프로젝트와 그 개별 참여자는 구세주 담론에 적극적으로 저항해야 한다. 구세주주의에 빠진 생각은 너무나 광범하게 퍼져 있어서, 심지어는 취약성을 시스템 차원에서 분석하는 데 익숙한 이들까지도 때로 함정에 빠지곤 한다. 구세주주의의 해악, 그리고 위기에 처한 이들에게 자기결정권의 필요성에 관해 참여자들이 분석을 공유하게 만들려는 끊임없는 명시적인 노력이 대다수 상호부조 프로젝트에 큰 도움이 된다.

제도권으로의 흡수

수십 년 동안 정치인들은 공공 인프라와 공공 서비스를 공격하면서 민영화와 자원활동만능주의를 지지했다. 정치인들은 공공 서비스를 감축하는 동시에 이미 부족한 사회안전망을 가족과 교회가 대체하도록 밀어붙였는데, 이는 가족이나 교회 어느 하나에도 속하지 못한 이들은 방치돼도 괜찮다는 암시를 담고 있었다. 공공복지의 파괴와 함께 병원부터 교도소, 시청에 이르기까지 모두가 '기업처럼 운영'되어야 한다는 망상 아래 민관합작이 찬양되고 지지받았다. 기업 모델이 보다 '효율적'이라는 신화가 널리 퍼졌다. 이 나라 미국의 보건 시스템이 보여주듯이, 진실은 그와 다르다. 모든 것을 이윤 중심으로 바꾸면, 무슨 짓을 해서라도 단기 이익을 거두려 하는 기업 때문에 사람들이 받는 돌봄의 질이 실제로는 떨어진다.

최근 수십 년 동안 '사회정의 기업가정신'이라는 문화 담론도 등장해, 정의를 위해 투쟁하기보다는 가난한 이들과 사회 문제를 관리하는 새로운 방식을 발명(하고 특허권을 확보)해야 한다고 주장했다. 언론의 떠들썩한 주목을 받은 이런 종류의 '기업가정신'을 보여주는 한 가지 사례는 노숙자들을 위한 온라인 기부를 조직하면서 노숙자들이 이를 현금으로 사용하지 못하게 제한한 사마리탄Samaritan 같은 스마트폰 앱이다. 이 앱들은 도움이 필요한 사람들보다는 기부자의 경험에 더 초점을 맞추었고, 기부금이 지역 협력 기업에 의해서만 사용될 수 있다거나 노숙자 상담사가 임대료 같은 특정 목적을 위해 승인하는 경우에만 사용될 수 있다고 공지함으로써 기부자를 좀 더 안심시키도록 설계되었다. 이는 사회정의 기업가정신 모델이 찬양하는 유형의 '혁신'의 전형이다. 이런 혁신은 자선 모델의 중심을 이루는 온정주의를 전폭 수용하고, 기부자를 '기분 좋게 하는' 데 구호활동의 초점을 맞추며, 문제의 근본 원인에 접근하려는 노력과는 접점이 없다. 사실 이런 혁신은 도시의 젠트리피케이션을 주도하고 주거 불안을 심화하는 바로 그 첨단 산업에 의해 전개되고 있다.

이런 분위기 속에서 상호부조 프로젝트는 민영화를 보완하는 요소가 되기보다는 기존 질서와 대결하는 입장을 유지하고 저항을 발전시키려고 노력해야 한다. 2017년 허리케인 하비[3]가 휩쓸고 간 뒤에 거대 언론이 쏟아낸, 구조봉사대로 나선 선박 소유주들 뉴스는 정해진 각본에 따랐다. 정부의 구조 실패를 비판하지 않은 데다 허리케인 피해 악화의 원인이 무엇이고 가장 위험에 처한 이들이 누구인지에 관해 심층 취재하지도 않았다. 즉 언론이 전한 개인적 영웅담은 위기를 낳은 사회·정치 상황을 은폐했

3 2017년 8월에 미국 텍사스와 루이지애나주를 덮친 허리케인.

다. 보장된 것이라고는 아무것도 없고 대부분의 사람이
절망에 빠져 쉽게 착취당하는 세상에 눈을 감은 채 공상
을 좇는 정치인과 CEO들은 사회안전망을 대체하는 자원
활동만능주의라는 생각을 반긴다. 만약 상호부조 프로젝
트를 주의 깊게 설계하지 않는다면, 우리는 이러한 보수
적 망상에 빠져들기 쉽다. 자원봉사자 개인을 영웅시하는
와중에, 사람들은 살아남기 위해 잡아야 할 구명줄마저
찾기 힘들어질 것이며 반대로 상위 1%는 더욱더 많이 게
걸스레 빨아들일 것이다.

  우리는 형사처벌당하는 이들을 돕는 상호부조 프로젝
트의 활동에서 기존 질서에 흡수되기를 거부하는 투쟁을
발견할 수 있다. 체포된 이들 중 일부를 형사처벌 시스템
의 대상에서 사회 서비스나 약물중독 치료 대상으로 전환
하는 프로그램이나, 형사재판의 대안으로 가해자와 피해
자를 중재하는 프로그램은 사람들이 구치소나 교도소에
수감되지 않게 할 수 있다. 하지만 이런 프로그램들은 전
문가 중심이 되고 경찰과 법원에 의해 재정 지원을 받으
며 틀이 짜이게 되면서 감금을 통한 통제에 순응하는 부
속물이 될 수 있다. 예를 들어 시애틀에서는 소년원 신설

을 막으려는 투쟁이 7년에 걸쳐 계속됐는데, 이때 공무원들은 주로 유색인이 운영하는 소규모 전환 프로그램(쥐꼬리만 한 국고 지원을 받는)을 끊임없이 방패로 써먹었다. 시애틀 킹 카운티가 이미 지역사회 내 협력자들과의 진보적 협력을 통해 청소년 감금에 주의를 기울이고 있다고 주장한 것이다. 그들은 더 나아가 청소년 감금 반대자들의 주장을 흡수하여, 시와 구가 '청소년 감금 제로'를 위해 노력하겠다고 명시한 조례까지 통과시켰다. 하지만 바로 이 시기에 카운티는 수억 달러를 들여 소년원을 설립했다. 지방정부가 인종주의적 국가폭력 인프라의 확대를 정당화하기 위해 급진적 반대세력의 메시지를 흡수하고 풀뿌리 지역사회가 주도한 프로그램을 그럴듯하게 내보인 이 일화는 소름 끼치는 사례이며, 상호부조 프로젝트가 반드시 헤쳐나가야 하는 기존 질서에의 흡수라는 위험지대를 드러내준다.

참여자가 특정한 사회 서비스 모델을 비판하고 돌봄과 재난대응 활동에 자발적 참여가 필요하다고 믿는다는 점에서 상호부조 프로젝트는 민영화나 자원활동만능주의와 중첩되는 것처럼 보일 수도 있다. 그러나 상호부조 프로

젝트 참여자들의 공적 안전망 비판은 자원활동만능주의
를 강권하는 신자유주의 정치인과 대기업의 공적 안전망
비판과는 다르다. 상호부조 프로젝트는 공공 서비스가 배
제적이고 불충분하며 징벌적이고 범죄화를 동반하기 때
문에 등장한다. 반면 신자유주의자들이 공공 서비스를 비
판 대상으로 삼는 것은 부를 더욱 집중시키고 이를 통해
물질적 불평등과 폭력을 심화하기 위해서다. 상호부조 프
로젝트는 부를 1%의 수중에 집중시키는 체제를 무너뜨리
려 하는 보다 거대한 운동의 일부로서 돌봄과 좋은 삶의
급진적 재분배를 추구한다.

신자유주의 프로젝트와 상호부조 프로젝트의 차이는
911 전화의 대안을 만들어내려는 '오클랜드 권력 프로젝
트Oakland Power Projects(OPP)'[4]와 소방서비스 민영화의 비
교에서 잘 드러난다. 기후변화 탓에 산불이 이어지는 가

---

4   미국 캘리포니아주 오클랜드시에서 감금과 경찰폭력을 없애기 위해
    활동하는 단체 '비판적 저항Critical Resistance'이 중심이 돼 2010년대 초
    에 시작한 프로젝트. 치안 기능을 지역사회가 흡수해 경찰 기구가 필
    요 없게 만드는 것이 목표다. https://oaklandpowerprojects.org

운데 공적 소방서비스는 지금도 부족한데 점점 감축되고 있다. 한편 소방 사기업이 성장 중이어서, 부유한 주택소유자들은 화재 시 집을 봉쇄하고 부지 내에 방화 물질을 뿌리며 5성급 호텔에 투숙하게 해주는 민간 소방서비스에 돈을 지불하는 반면, 그 정도로 윤택하지 못한 이들은 자기 집이 불타는 것을 바라만 봐야 하고 대피소에서 부대껴야 하며 얼마 안 되는 수당을 받으려고 연방재난관리청과 싸워야 한다. 소방서비스로 이익을 착복하는 자들의 목표는 화재 시에 지불 능력이 있는 이들만 도움이나 보호를 제공받는 상황을 만들어내는 것이며, 그렇게 되면 화재가 심각할수록 부자는 더욱 부유해지고 가난한 이들은 더욱 가난해질 것이다.

그와 달리 OPP는 사람들이 응급 치료를 위해 911에 전화를 걸면 경찰이 따라와서 도움을 요청한 이들에게 오히려 상해를 입히거나 때로는 살해까지 하는 것을 목격한 반경찰·반교도소운동 단체에서 비롯되었다. OPP는 이러한 상황에 대응해 총상, 당뇨병 같은 만성 질환, 정신건강 위기 등에 응급 치료 서비스를 제공하기 위해 경찰폭력과 충돌한 경험이 있는 지역사회 구성원들을 훈련시켰다. 만

약 사람들이 서로를 돌볼 수 있다면, 911에 전화하지 않
아도 될 테고 그러면 경찰과의 충돌도 피할 수 있다. 이
전략은 경찰의 단속과 범죄자 취급 경향을 밑에서부터 허
물어뜨리려는 보다 광범한 활동의 일부이며, 즉각적 필요
를 충족하면서 동시에 인종주의적 경찰폭력과 의료 사각
지대를 없앤다는 공동의 대의에 따라 대안적인 위기 대응
인프라를 구축하는 데 사람들을 참여시키려고 노력한다.
OPP와 소방 사기업 모두 불충분한 공공 서비스에 대안
을 제시하지만 결코 똑같지 않음을 주목해야 한다. OPP
프로그램은 지불 능력을 갖춘 이들에게만 서비스를 제공
하고 이윤을 얻는 게 아니라, 밑바닥 대중이 생존과 관련
된 요구를 충족하면서 동시에 인종주의적 인프라를 해체
하기 위해 협력할 수 있게 하는 새로운 대응 방식을 수립
한다.

　가정폭력에 맞서는 페미니스트 운동은 이런 흡수의 위
험성에 관해 매우 강력한 교훈을 던져준다. 이 운동은 가
정폭력 생존자를 위해 자원활동가가 운영하는 쉼터와, 학
대자나 가해자를 살해한 혐의로 기소된 여성들을 변호하
는 캠페인 같은 상호부조 프로젝트로 출발했다. 불행히

도 가정폭력 반대운동은 미국에서 범죄화가 급증하던 바
로 그때 출현했다. 흑인 해방·반인종주의·페미니스트·
퀴어·선주민 운동이 경찰폭력을 폭로하고 이에 저항함
에 따라 1960년대와 1970년대의 대중 봉기는 치안 활동
의 정당성에 커다란 위기를 낳았다. 이에 맞서 미국의 치
안 당국은 대중적 이미지를 개선하려고 노력했다. 유색인
경찰을 채용하고, 약물남용 예방교육Drug Abuse Resistance
Education(DARE) 프로그램[5] 같은 사업을 통해 학교 안에서
경찰에게 새로운 역할을 부여하며 경찰을 여성과 어린이
의 보호자로 내세우는 프로그램과 캠페인에 착수한 것이
다. 이 목표를 위해 치안 당국은 그때 막 생겨난 가정폭력
반대운동과 동맹을 맺으려고 노력했는데, 이에 따라 젠더
기반 폭력에 대한 처벌을 강화하는 법률 제정을 지지하고
경찰과 협력할 의사가 있는 단체에 자금을 지원했다.

　이를 통해 가정폭력 반대운동은 철저히 변화했다. 자원

5　1983년 마약중독을 막기 위한 교육 사업을 표방하며 로스앤젤레스
　경찰청 주도로 시작된 프로그램. 어린이와 청소년에게 주변의 마약
　복용자를 신고하라고 권장한다.

활동가 기반 풀뿌리 상호부조 프로젝트 중심이었던 이 운동은 대개 백인이 고위 간부를 맡아 운영하는 대규모 비영리단체에 강조점을 두는 쪽으로 바뀌었다. 이 단체들은 점차 경찰 지지 입장으로 기울었으며, 늘어나는 범죄화를 옹호하면서 자선 모델 접근법을 취해 도움을 구하는 사람들을 징벌적이면서 가부장적인 방식으로 대했다. 이러한 변화에 따라 점차 유색인 지역사회의 범죄화 현상이 늘어났고, 가장 취약한 가정폭력 생존자들은 서비스에 접근하기 힘들어졌으며, 경찰과 검찰·법원은 좋은 선전거리를 얻었다.

분명한 것은 이렇게 기존 질서에 흡수되는 접근법으로는 젠더 기반 폭력을 줄이지 못한다는 사실이다. 연구 결과에 따르면, 가정폭력 신고를 받으면 경찰이 출동해 체포하도록 한 가정폭력사범 체포의무화 법률처럼 이 시기에 유명해지게 된 범죄화를 지지하는 정책 개혁은 학대 생존자가 특히 퀴어, 트랜스젠더, 장애인 혹은 유색인인 경우 피의자가 아니라 오히려 생존자 쪽이 체포되는 결과를 낳았다. 이 일화는 생존 요구를 충족하려는 우리의 노력이 기성 질서에 흡수됨으로써 크게 약화될 수 있고, 우리에게 피해를 입히는 바로 그 시스템을 오히려 정당화하거나 확장하는 데 쓰일 수 있음을 보여주며 우리를 각성시킨다.

동시에 이러한 경험들을 통해, 흡수를 거부하며 상호부조 활동을 발전시키는 과정에서 많은 것을 배울 수 있는 생생한 저항의 사례 또한 등장했다. 유색인·노동계급·이주민·장애인 페미니스트들은 젠더폭력 반대운동이 범죄화에 경도되는 데 맞서 강력히 저항했다. 그들은 경찰과 협력하길 거부하면서 피해와 폭력을 다루는 상호부조 프로젝트를 탄생시켰다.

이런 활동은 흔히 '지역사회 책임성' 혹은 '변혁적 사법정의transformative justice'6라 불렸다. 여기에는 상호부조 단체들이 개발한 많은 혁신적 전략이 포함되었다. '창조적 개입Creative Interventions' 그룹은 몇 년 동안의 경험

6　통상적인 형사처벌과 달리 피해자와 가해자, 지역사회 구성원 등 범죄 관련자들이 능동적으로 참여하여 피해자나 지역사회의 손실을 복구하고 관련자들의 사회 재통합을 추구하는 범죄 대처 방식. '회복적 사법정의', '치유적 사법정의', '전환적 사법정의' 등으로 번역하기도 한다.

에서 얻은 교훈을 바탕으로 성폭력과 가정폭력에 지역
사회의 지원과 근본 문제 해결을 통해 대처하는 법에 관
한 600쪽짜리 지침서를 집필했다. '제너레이션 파이브
GernerationFIVE'와 '샌프란시스코 권역 변혁적 사법정의
집단the Bay Area Transformative Justice Collective'은 체포된 소
수의 사람을 단지 형사처벌하는 게 아니라 근본 원인에
다가가 이를 뿌리 뽑는 것을 목표로 아동 성폭행 대처법
을 설계했다. '필라델피아여 일어나라Philly Stands Up'와
'크게 울부짖기 위하여For Crying Out' 같은 수백 개의 지방
단체들은 폭행 생존자를 지원하고, 가해자와 대면하며, 재
발 방지를 위해 필요한 것이 무엇인지 도출하기 위해 가
해자와 함께 작업하는 절차를 개발했다. 이 절차는 때로
몇 년 동안이나 진행되는데, 이 과정에서 지역사회 구성
원들은 가해자에게 약물복용 중단, 정신건강, 주거와 관련
된 요구사항, 젠더와 섹슈얼리티를 둘러싼 행위와 신념에
관한 심화된 인식 등을 제공하며 가해 행위 중단에 필요
한 일은 무엇이든 한다.

　이런 종류의 활동의 목적은 형사처벌 접근법으로는 할
수 없는 일을 하는 것이다. 그것은 생존자가 치유되도록

돕고, 가해자에게 가해 행위 중단을 위해 필요한 것을 제공하며, 전반적인 가해 가능성을 줄이기 위해 지역사회 규범을 통해 할 수 있는 일을 가늠하는 것이다. 가령 건강한 관계형성기술 훈련을 제공하거나, 약물남용 문화에 대처하고, 섹슈얼리티와 젠더에 관한 지역사회 관념을 변화시키는 것 등이 그런 활동 사례다. 뉴욕시 오드리 로드 프로젝트Audre Lorde Project[7]의 일부인 '시스템 바깥 안전 집단the Safe OUTside the System Collective'은 경찰폭력을 비롯해 유색인 퀴어와 트랜스젠더에 대한 폭력을 해결하기 위해 다양한 전술을 구사했다. 그들이 개발한 전략 중 하나는 폭력이 자주 발생하는 브루클린의 동네에서 영업하는 이들과 관계를 트고, 식품잡화점 점원과 식당 종업원, 그 밖의 노동자들에게 거리에서 사고가 날 경우 도움을 찾아 도망쳐오는 사람들에게 숨을 곳을 제공해주되 경찰은

---

7 오드리 로드(1934~1992)는 뉴욕시에서 주로 활동한 미국의 시인, 페미니스트, 시민권운동가. 여성 가운데서도 특히 주변화되고 배제된 흑인 성소수자 여성을 대변하면서 이들을 '바깥의 자매들sister outsider'이라 칭했다.

절대 부르지 말라고 부탁하는 것이었다. 지역사회 전반에 걸쳐 장기적 관계를 구축하는 이러한 활동 덕분에 그 동네 사람들은 도움이 필요한 사람들에게 손길을 건네고 상황을 진정시킬 만반의 태세를 갖추었고, 이로써 동네의 안전이 강화됐다.

변혁적 사법정의 관련 활동 가운데 일부는 예방에 초점을 맞추고, 일부는 사후 지원 제공에 초점을 맞춘다. 둘 다 안전을 보장하리라 여겨지는 시스템(경찰, 검찰, 법원)이 이를 이행하지 않고 오히려 사태를 악화한다는 사실에 관한 인식을 통해 직접적인 생존의 필요에 대처한다는 점에서 상호부조적 접근법이다. 이러한 상호부조 프로젝트는 사람들이 공동체 형성을 통해 안전을 확립하고, 서로를 가두기보다는 연결함으로써 가해 행위를 중단하도록 뒷받침하는 새로운 세상을 건설하려고 노력한다.

반경찰·반폭력 정치와 함께하는 이러한 페미니스트 활동가와 단체들은 이 책의 내용을 이루는 분석의 상당 부분을 발전시키기도 했다. 그들은 비영리단체화와 기금 제공자의 압력이 결합된 시스템이 어떻게 가정폭력 반대활동을 범죄화 관행으로 변질시키는지, 가정폭력 피해자 쉼터와 긴급 직통전화가 사회 서비스에 더 가깝게 변질되면서 어떻게 상호부조적 접근법이 허물어지는지, 반폭력 활동이 기존 질서에 흡수됨으로써 어떻게 연대가 허물어지고 경찰의 탄압을 가장 빈번히 받는 지역사회가 더욱 위험에 빠지는지 보여주었다. 그들의 지혜는 우리가 단체와 운동을 성공적으로 구축하고 흡수에 저항하는 데 지침이 될 수 있다.

상호부조 vs. 자선

상호부조 프로젝트는 핵심적인 방식에서 자선 모델과 갈라진다. 대다수 상호부조 프로젝트는 자원활동가에 바탕을 두며, 비영리단체의 출세주의, 기업형 접근법, 자선 모델을 피한다. 상호부조 프로젝트는 '권위자'나 '전문가'라 불리는 소수가 아니라 수많은 사람을 포괄하려고 애쓴다. 최대한 많은 이들의 생존을 지원하길 원한다면, 최대한 많은 이들을 근본 원인을 바꾸는 활동에 참여시키려면, 오직 소수만 주도적인 역할을 하는 위계구조로 그 과정을 가로막기보다는 많은 사람이 사업을 수행하고 사업에 관해 함께 결정하게 해야 한다.

이러한 중요한 목적에서 벗어나 제도권으로의 흡수, 자격의 위계구조, 구세주주의, 근본 원인에서 괴리된 활동이라는 함정들에 빠지는 일을 막으려면, 지속적인 경계가 필요하다. 지난 50년간 사회운동 역사는 치안 당국, 기금 제공자, 문화의 압력 아래에서 자선 모델이나 사회 서비스 모델로 변질되고 변혁적 역량을 크게 상실한 상호부조 단체의 사례로 넘쳐난다. 다음은 상호부조 단체들이 이러한 위험과 함정을 피하려고 노력하는 과정에서 지침이 될 만한 몇 가지 물음이다.

- 누가 우리의 프로젝트를 통제하는가?
- 누가 우리가 할 일을 결정하는가?
- 우리가 받는 기부금 중에 도움을 줄 대상이나 도움을 주는 방식을 제한하는 부대조건을 수반하는 것이 있는가?
- 우리의 사업에 참여할 수 있는 자격에 대한 지침 중에 낙인찍힌 이들과 취약한 이들을 배제하는 내용이 있는가?
- 치안 당국과 우리의 관계는 어떠한가?

• 신입 회원에게 치안 당국과 접촉하는 방식에 관해 어떻게 소개하는가?

상호부조 단체의 올바른 모델이 딱 한 가지만 있는 것은 아니지만, 상호부조 프로젝트와 다른 프로젝트를 구분하는 일반적 경향을 알아두면 신중하게 결정하고 진정성과 효율성을 유지하는 데 도움이 될 수 있다. 어떤 상황에서 함정에 빠지기 쉬운지 고찰하는 데 도움을 주기 위해, 상호부조 단체의 특징을 자선 모델에 따라 활동하는 단체의 특징과 대비해 다음의 표로 정리했다. 이는 상호부조 단체가 공동의 가치를 분명히 하거나 의견의 일치와 불일치를 발견하거나 단체의 상황을 더 조사해볼지 확인하기 위한 토론에 유용한 시사점을 줄 수 있다.

표1 상호부조와 자선의 특징 비교

상호부조	자선
자원활동가가 수행하는 비전문적인 구조 활동	전문가가 배치돼 수행하는 서비스 활동
필요한 자원을 요청하거나 빌리거나 훔친다	필요한 자원을 위해 보조금에 의존 / 자선가들이 프로그램을 통제
활동을 규제하거나 중단시키려는 정부의 시도에 맞서기 위해 민중의 힘을 행사	사업 수행 방식에 관해 정부가 강요하는 규정 준수(대체로 돈이 더 많이 들어 보조금에 의존하게 하며, 전문 학위를 소지한 유급 인력 고용)
반자본주의·반제국주의·인종 정의·젠더 정의·장애인 정의의 원칙에 뿌리를 둔 구조 활동	다른 쟁점과 동떨어진 채 정책 개혁의 한 가지 영역에서만 활동하거나 특정 집단만 대상으로 삼는 단일 쟁점 활동에 매몰
최대한 많은 이들이 결정을 내리고 실천하는 개방적인 모임	폐쇄적인 이사회, 거대 재단이나 후원자와 관련된 이들이나 전문가 중심의 거버넌스 상근 인력이 운영하는 프로그램. 자원활동가는 우편물 발송 같은 하찮은 작업에만 동원되며 중대 결정 과정에는 참여 불가
가장 심각한 상황에 처한 이들을 지원	사람들을 서비스 수급 '유자격자'와 '무자격자'로 나누는 자격 기준을 강요
조건을 달지 않고 도움을 제공	도움을 받기 위한 조건을 전제한다. 수급자는 성가신 서류 절차를 거쳐야 하고, 약물중독 상태가 아니어야 하며, 특정한 가족구성 요건에 해당해야 하고, 특정한 이민 자격을 취득해야 하며, 미집행 영장이 없는 상태여야 하고, 특정한 전과가 없어야 한다.
불의에 맞서고 지역사회를 돌보려는 열정 때문에 자발적으로 참여	일자리를 찾거나 신분 상승을 바라거나 경력을 쌓거나 '주요 인사'가 되려고 참가

위계구조를 허물려고 노력. 가령 유급 직원이 있는 경우 임금 격차가 없고, 전문적 훈련을 실시하며, 회의 진행을 돌아가며 하고, 외국어 사용자의 언어 장벽을 없애려고 한다.	주류 문화의 특성인 급여·지위·의사결정권·영향력의 위계구조를 유지(예를 들어 법률가 자격증이 없는 이들보다 법률가가 더 가치 있고 중요)
해로운 사회적 상황의 영향을 크게 받거나 그 공격 목표가 되는 이들의 자기결정권을 중요시	불의를 낳는 조건을 바꾸려는 의식이나 전략 없이 '불우 이웃'에게 '도움'을 제공. 온정주의, 타인을 구원한다는 환상, 구세주주의를 수용
모두의 참여를 극대화하고, 결정의 영향을 받는 이들에게 결정권을 보장하며, 대표권을 제대로 행사하지 못하는 집단이 다수결을 통해 배제되지 않게 막고, 이기거나 남들에게 밀리지 않는 데 신경 쓰기보다는 서로의 참여에 관심을 기울이는 기술을 습득하기 위한 합의형 결정	고위 인사가 결정하거나, 어떤 경우는 이사회 투표와 다수결로 결정
직접적 원조 활동을 고통의 근본 원인을 조준하는 단절적 전술을 비롯한 다양한 전술과 연계	직접적 원조 활동이 다른 전술과 연결되지 못한 채 탈정치화되고, 근본 원인을 향하는 단절적 전술과 괴리된 채 정부나 후원자의 정당성 유지
위기에 직면한 이들이 사업을 어떻게 바라보는지를 바탕으로 사업을 평가하는 경향	엘리트들 즉 관련 정치인·관료·후원자·거대 언론 등의 의견에 바탕을 두고 사업을 평가하는 경향
'회원'=결정을 하는 사람들로서, 대개 사업을 실행하고/실행하거나 단체의 도움을 받는 모든 이	'회원'=후원자
단체에 참여함으로써 보다 광범한 정치적 참여, 연대, 대중운동, 급진화를 실현	단체에 참여하더라도 참여자가 이를 통해 다른 쟁점, 단체 혹은 정의를 위한 투쟁과 연결되지 못한다. 주된 초점은 지원금을 받을 조건을 충족하는 것이며, 조직이 후원자·언론·선출직 공직자에게 좋은 평판을 얻게 하는 것이다.

5장

○

대장도 없고
말썽쟁이도 없다

상호부조 활동의 긴급성으로 인한 한 가지 단점은, 우리가 즉시 작업에 뛰어들면서 프로젝트의 도움을 받는 이들이 얼마나 많은지는 매우 신경 쓰지만, 막상 단체가 강력하고 지속가능하기 위한 훌륭한 내부 관행을 만드는 데는 실패할 수 있다는 것이다. 우리가 해방적인 집단 구조를 잘 만들어내지 못하는 데는 그럴 만한 이유가 있다. 우리 가운데 대다수는 공정하고 참여적이며 투명한 구조를 지닌 집단 안에 있어본 적이 없다. 사장이 우리가 해야 할 일을 명령하는 일자리나, 강력한 위계구조가 지배하여 사람들이 상황에 관해 제 목소리를 내지 못하는 학교, 가정, 국가기관 혹은 교회에만 있었던 것이다. 우리는 모든 구성원이 진짜로 의사결정에 참여할 수 있는 집단 안에 있어본 적도, 이를 꿈꿔본 적도 별로 없었다.

게다가 우리는 요리와 청소, 갈등 중재처럼 대개 여성의 일이라 여겨지는 일상적인 돌봄 노동은 경시하면서 생산적 활동의 최종적인 외관상 증거, 즉 대규모 저항 행진, 법률 통과, 수감자 석방, 언론 노출 따위만 높이 평가하는 집단에 속한 경우가 많다. 우리는 승리에 이르는 과정에서 어떤 일이 벌어지는지, 가령 사람들이 다음번 난관에 맞설 만큼 역량이 강화됐는지 혹은 번아웃이나 해로운 집단 역학을 통해 이런 역량이 파괴되어버렸는지 등에 관해 주목하거나 관심을 기울이도록 배우지 못했다. 자본주의는 우리 모두의 좋은 삶을 위해 장기적 역량을 구축하기보다는 단기적 이득을 생각하도록 만든다. 이 때문에 임기응변만 쫓기 쉬워지고, 그런 가운데 서로에게 입힐지 모르는 상처는 무시할 수 있게 된다. 우리 중 많은 이들은 '과정은 지루하다'고 생각한다. 모두가 대형 행사에서 앤절라 데이비스Angela Davis[1]와 셀프카메라를 찍길 바라지만, 이 행사를 우리 가치에 맞게 진행하고 조직화라는 난제를

---

1 1944년생 미국의 사회운동가·철학자. 남부에서 흑인 여성으로 태어나 대학에서 철학을 전공하며 허버트 마르쿠제Herbert Marcuse에게 비판이론을 배웠다. 베트남전쟁 반대운동과 페미니즘운동에 적극 참여했는데, 특히 미국 공산당에 입당해 활동했기 때문에 공안 당국의 집중적인 탄압을 받았다. 존 레넌John Lennon과 오노 요코Ono Yoko가 데이비스를 지지하는 노래 'Angela'를 헌정했고, 록밴드 롤링스톤스도 'Sweet Black Angela'를 발표한 바 있다. 1980년대에는 페레스트로이카를 지지하면서 미국 공산당의 스탈린주의 전통을 반성하는 데 앞장섰다. 현재도 '흑인의 생명은 소중하다' 운동 등에 참여하며 대중 강연을 펼치고 있는데, 이 책에서는 사회운동 내 명망가의 대표적 인물로 언급되고 있다.

해결하는 방법을 찾는 회의에 몇 달간 참여하는 데 관심
있는 이들은 많지 않다.

그러나 우리의 프로젝트가 삶을 구제하고 사람들을 운
동에 참여시키는 데 효과적이길 바란다면 이 프로젝트를
위해 강력한 구조를 구축해야만 한다. 이는 불의와 싸우려
는 모든 노력에 필수적이다. 우리의 단체 안에 효율적이
고 참여적이며 투명한 의사결정 구조와 돌봄 문화, 원칙
에 충실한 행동을 확립하려면 의식적인 노력이 필요하며,
이는 단체가 번창하고 승리할 수 있게 하는 데 관건이다.
우리가 이를 제대로 해낸다면, 단체를 갈가리 찢고 참여
자들을 분열시키며 몰아내는 경향이 있는 갈등을 막는 데
도움이 될 수 있다.

단체는 관심을 어떻게 고취할지, 아이디어는 어떻게 제
안할지, 결정은 언제 내릴지, 누구를 통해 어떻게 이 결정
을 실행에 옮길지를 참여자들이 알고 있을 경우에 보다
효과적이고 효율적이게 된다. 의사결정에 참여하고 프로
젝트의 공동 주인이라고 느끼는 사람들은 그 활동에서 떠
나지 않고 이를 실행한다. 자기 의견이 경청되는지 혹은
의사결정에 반영되는지 모르겠다고 느끼는 사람들은 조

직을 떠나는 경향이 있다. 강력한 구조는 새로운 사람들을 끌어들여 활동으로 안내하고 필요한 기술을 훈련시키며, 각자가 원하는 역할을 맡게 하는 데도 도움을 준다.

표2 실패로 이끄는 조직화 방법

실패로 이끄는 관행	이러한 방법의 위험성	대안
위계구조	권력 남용. 소수 인력의 번아웃과 새로운 사람들을 끌어들일 통로 봉쇄. 고위직 인사들의 원칙 없는 행위. 고위직 인사들이 주목, 출세 기회 혹은 돈에 의해 매수될 수 있다.	의사결정이 한 사람이나 소집단에 집중되지 않게 막으며 임무와 역할이 많은 사람에게 분배되도록 도울 수 있는, 합의에 바탕을 둔 수평적 의사결정 구조 구축
모호한 의사결정 과정	다른 이들과 협의하지 않고 개인적으로 결정한다. 일부 결정은 제때 이뤄지지 않는다. 결정을 둘러싼 갈등이 생긴다.	모든 회원을 포괄하며 모두가 훈련받는 투명한 의사결정 과정 도입
연공서열에 따르거나 자임으로 구성된 지도부	새로운 참여자들이 단체를 진짜로 공동 운영한다고 느끼지 못하기 때문에 떠난다. 백인, 남성, 사회적 특권을 지닌 이들이 지배한다.	새로운 참여자들에게 결정에 온전히 참여하는 법과 새로운 기술·역할을 훈련시킨다. 참여·페미니즘·반인종주의 문화 함양

투명한 구조는 어떤 압력을 받더라도 우리가 표방하는 가치를 견지하도록 돕는다. 게다가 우리는 상호부조 단체

가 봉착할 수 있는 커다란 함정 여럿을 이미 살펴봤기 때문에 위험한 요소가 무엇인지 잘 안다. 의사결정이 투명하지 않은 조직에서는 지도자가 돈이나 명예에 유혹받고, 일자리를 얻고 보조금을 타거나 스포트라이트를 받기 위해 단체의 핵심 가치를 팔아넘기기가 훨씬 쉽다. 치안 당국이 침투해 파괴하기도 쉽다. 또한 참여자들이 조직 활동을 하다 번아웃되기도 쉽다. 뒤에 논하겠지만, 번아웃은 주로 갈등에서 비롯되거나, 결정과 임무를 제대로 위임하지 못하는 데서 비롯된다. 투명한 구조를 갖춘다면, 갈등을 막거나 이를 해결해나갈 길을 제시하는 데 도움이 될 수 있고, 사람들이 책임을 함께 나누도록 하는 데 도움이 될 수도 있다.

이 장에서는 상호부조 단체에서 자주 등장하며 문제를 야기할 수 있는 세 가지 조직적 경향을 검토하고 이러한 경향을 피할 방법에 관한 구상을 제시하려 한다.

① 비밀주의, 위계구조, 불투명성 투명한 의사결정 방법과 돌봄·해방의 문화를 만들어내지 못한 많은 단체에서는 결국 참여자들이 무슨 사업이 전개되는지 혹은 누가 결정을 내리는지

알지 못하게 되어 모든 결정이 한 사람이나 파벌에 집중되며, 이러한 역학 탓에 결국 분열될 수 있는 위험이 따른다.

② 약속 과잉과 이행 부족, 무반응, 엘리트주의 많은 단체가 자기네가 도울 수 있는 것보다 더 많은 사람을 돕겠다고 약속하거나, 실제 해결할 역량이 없는데도 지역사회의 특정한 필요를 감당할 수 있는 양 둘러대며 과욕을 부린다. 이 문제는 단체가 특정 프로젝트를 위해 보조금을 받는 경우에 더 심해지는 듯하며, 능력에 부치는 목표를 달성하겠다는 이런 그릇된 주장이 나오는 이유는 돈이 걸려 있기 때문이다. 또한 사람들이 함께 결정하지 못하고 어느 누구와도 상의하지 않은 채 누군가 한 사람이 단체 전체에 약속할 경우에도 이런 사태가 벌어진다. 이러한 경향에는 무반응도 포함될 수 있는데, 이는 엘리트들에게는 때로 너무 지나칠 정도로 반응하면서 특히 어려움에 처한 지역사회 구성원들에게는 반응하지 않는 모습으로 나타난다. 특히 돈이나 자아도취가 얽혀 있는 경우에 많은 단체는 언론이나 선출직 공직자에게는 응답하면서 그들의 봉사 대상인 지역사회 구성원들에게는 그러지 않는다.

③ **희소성, 조급성, 경쟁** 일부 단체는 (돈, 시간, 관심, 노동과 관련해) 희소성에 집착하는 문화를 발전시키기도 하는데, 자본주의 하에서 우리 삶의 여러 측면에 존재하는 실제 희소성을 감안하면 일리가 있기는 하다. 하지만 주위에 돈, 시간 혹은 관심이 부족하다고 느끼며 활동할 경우 우리는 다른 단체 혹은 자신이 속한 단체 안의 다른 사람들과 경쟁하는 입장에 놓이곤 한다. 또는 특정한 임무에 너무 조급해져 임무를 훌륭히 수행하기 위해 반드시 필요한 조치를 취하지 못하기도 한다. 또한 뭔가를 해내려고 서두르는 가운데 서로에게 관대해야 한다는 점을 망각하기도 한다. 그로 인해 우리는 갈등에 빠지거나, 우리의 공동체를 해치는 과오를 저지를 수도 있다.

이어지는 글에서는 우리가 속한 단체와 우리 안에 도사린 이런 경향들을 다룰 수단을 제시할 것이며, 이를 통해 우리 활동 안에서 투명성·진정성·관대함을 함양하고 4장에서 논의한 함정들을 피할 역량을 구축할 수 있게 할 것이다. 앞에서 언급한 경향들이 만연한 경우 의사결정과 지도력이 어떻게 나타날지, 이런 활동방식에 대한 대안은

표3 단체에 해로운 경향들

해로운 경향들	지도력의 형태	참여의 형태	위험	대안
비밀주의, 위계구조, 불투명성	한 사람 혹은 소집단이 결정. 신참자들이 보기에 의사결정 방식과 결정 절차가 투명하지 않다.	지도자의 카리스마에 좌우되며 나머지는 그를 추종. 지도자가 사라지거나 매수되면, 그룹도 그렇게 된다. 역할과 결정에 관한 혼동.	새로운 사람들을 끌어들이지 못한다. 자금 횡령. 의사결정을 둘러싼 갈등. 파벌.	투명성. 참여형 의사결정 공유. 모두가 함께 이끈다는 점에서 지도자가 없기도 하고 지도자가 풍부하기도 하다.
약속 과잉과 이행 부족, 무반응, 엘리트주의	한 사람 혹은 몇몇 사람이 어떤 상의도 없이 단체가 할 일에 관해 약속. 엘리트와 언론에는 반응하면서 봉사 대상인 지역사회에는 무반응.	단체가 더 많은 과업을 떠맡을지에 관해 참여자들이 목소리를 내지 못한다. 과로와 문어발식 사업. 과중한 업무 부담과 충족되지 못한 필요를 둘러싼 갈등. 카리스마적 지도자는 주목이나 돈에 의해 쉽게 매수될 수 있다.	번아웃. 갈등. 단체의 원칙과 부합하는 행동의 부족. 엘리트들에 의한 흡수.	투명한 계획 과정과 업무 부담에 관한 공동 결정. 봉사 대상인 지역사회, 특히 가장 취약한 구성원들에 대한 책임성.
희소성, 조급성, 경쟁	단체 내부 혹은 유관한 활동을 벌이는 다른 단체와의 사이에서 주목과 자원을 놓고 벌어지는 경쟁. 조급한 의사결정.	역량 소진. 우선순위와 문어발식 사업을 둘러싼 갈등. 업무 성과와 업무량을 놓고 구성원들이 서로 비난.	번아웃. 갈등. 단체 내 관계뿐만 아니라 유관한 활동을 벌이는 다른 단체와의 관계 손상. 우리 운동의 적들만 이롭게 한다.	협력. 관대함. 집단적 지혜와 역량을 바탕으로 활동을 계획하고 속도를 조절한다. 시간을 들여 문제를 해결해나간다.

어떤 모습일지, 그리고 대안적인 경향들을 함양하는 데
필요한 개인적 자질과 행위는 무엇인지 살펴볼 것이다.

집단문화

집단에는 문화가 있다. 집단문화는 새로 가입하거나 행사
에 참석한 사람들에게 주는 신호, 집단이 따르는 규범, 서
로 축하하는 방식과 담소를 나누는 방식, 회의에서 느껴
지는 것, 서로에게 피드백하는 방식 등을 통해 구축된다.
집단문화는 창립자들의 인격과 단체 안에 깊이 뿌리 내
린 그들의 행위·반응을 반영하는 경우가 많다. 만약 창립
자가 돈을 석연치 않은 데 헤프게 쓰고 모임에 자주 늦는
다면, 단체 또한 그럴 수 있다. 혹은 창립자가 모임 말미에
노래 부르길 좋아한다면, 오랫동안 이것이 단체의 관행으
로 남을 수 있다. 그러나 집단문화는 새로운 사람들이 들
어오고 환경이 달라지면 바뀌기도 한다. 우리는 단체의
성향과 방법론에 관해 대화를 나누고, 제대로 작동하는
것과 그렇지 않은 것에 관해 이야기하며, 우리가 이루고

자 하는 바에 부합하려면 스스로 어떻게 행동해야 하는지를 성찰하고 서로에게 영향을 끼침으로써, 집단문화를 의식적으로 바꾸는 결정을 내릴 수 있다.

올바르거나 완벽한 단 하나의 집단문화란 존재하지 않는다. 단체 안에 있는 사람들이 저마다 다르고 모두 자질, 기술, 관점이 제각각이기에 단체들은 서로 다를 수밖에 없다. 이상적으로, 우리는 가능하면 참여자들이 단체에 가담한 이유가 된 작업을 실행하는 과정에서 좋은 삶을 누리며 생산적 관계를 구축하도록 돕는 집단문화를 원한다. 어떤 단체에서 이는 구성원들이 서로 성적이고 낭만적인 관계를 맺는 것을 뜻한다. 다른 단체에서는 그런 관계가 부적절하거나 해로울 수 있으며, 그래서 그런 관계를 맺지 않도록 권장하는 문화를 만든다. 어떤 단체에서는 함께 노래하고 춤추길 좋아하고, 어떤 단체에서는 영적 의식에 함께 참여하길 원한다. 어떤 단체에서는 활동 특성상 대담한 행동을 취한 회원을 보호하기 위해 특정 형태의 비밀과 보안을 반드시 지켜야만 하다. 반면 다른 단체에서는 많은 사람을 활동에 결합하기 위해 신입 회원에게 반드시 모든 것을 공개하는 문화를 발전시킨다.

다음 표는 상호부조 프로젝트에 이미 참여하고 있거나 이제 막 시작하려는 이들 사이에서 집단문화에 관한 대화를 촉진하기 위해 고안된 것이다. 특정 프로젝트에 이미 참여 중인 이들에게 이 표는 현재 속한 단체의 문화가 어떠한지 평가하는 데 사용될 수 있다. 그리고 아직 프로젝트를 새로 시작하자는 논의만 있는 경우에도 이 표를 활용한다면, 논의에 참여하는 사람들이 이제 막 출현하려는 집단문화에 어떤 규범을 더해야 할지 사전에 확인할 수 있을 것이다. 이 표는 참여자들이 가족, 일자리, 학교, 교회 등의 다른 단체에서 경험한 강점과 약점에 관해, 그리고 지금의 단체에서 본받거나 반대로 반복을 피하길 원하는 게 무엇인지 토론하는 데 사용될 수 있다.

표4 집단문화의 특성

도움이 되는 특성	잠재적으로 해로운 특성
신뢰할 만하고 책임감 있으며 시간을 엄수하고, 맡은 일은 끝까지 완수한다	약속을 어기거나 약속에 늦고, 맡은 일을 완수하지 않는다
새로운 사람들을 환영한다	새로운 사람들을 환영하지 않는다
유연하며 실험적	경직되고 관료적이며 틀에 박힘
협력적	고립되고 경쟁적

현실에 맞는 업무 분담, 지속가능한 작업 흐름, 참된 복지·돌봄 문화	과로, 완벽주의, 순교자의식
직접적인 피드백과 성장	침묵 그리고/혹은 가십과 험담
가치 준수	원칙을 버리고, 돈에 쉽게 넘어가며, 정치적 혹은 재정적 압력에 직면했을 때 쉽게 굴복한다
겸손	우월감(남의 업적을 가로채거나 피드백을 주의 깊게 듣지 않는 것이 포함될 수 있다)
효율적인 업무 분장	소수가 대다수 활동을 수행
재밌고, 서로 격려하며, 고마워한다	심각하고, 화를 잘 내며, 스트레스가 심하다
용서한다	원망한다(프로젝트 내부 사람들이든 단체 바깥 사람들이든)
생산적 갈등을 통해 배우고 고칠 수 있다	갈등을 회피하며, 갈등이 폭발해도 해결책에는 도달하지 못한다
절차의 명확성	혼란
우선순위가 명확하고, 기대가 현실적이며, 진행 속도가 인간적이다	급히 서두른다
투명성	비밀주의
관대함	희소성에 집착하며 구두쇠 짓을 한다

이 표에는 진짜 모순이 존재한다. 우리는 유연해지길 원하며, 또한 책임성·신뢰성·시간 엄수의 문화도 원한다. 둘 다 갖추려면 어떻게 해야 하는가? 지배 문화를 통해 책임성 개념을 받아들인 우리 대다수는 이 개념에서, '선'해지도록 강요 혹은 유혹을 당하거나 수치를 당하는 것, 우리

의 필요를 무시하는 것, 잘못을 범하고 처벌을 두려워하
는 것을 떠올린다. 유연성·자애·정의라는 우리의 가치를
견지하면서 단체에 참여하여 우리가 말한 대로 실행하는
문화를 구축하려면 어떻게 해야 하는가? 이 긴장은 실질
적이다. 만약 우리가 양쪽을 다 이야기하지 않는다면, 자
동기계처럼 행동하며 새로운 사람들을 가로막고 분열되
어버릴 위험이 있다. 집단문화를 의식적으로 창조한다고
해서, 그리고 집단문화의 바람직한 모습에 관한 공동의
비전을 다진다고 해서 모두가 서로를 닮을 필요는 없다.
우리는 역량, 재능, 열망, 어려움이 저마다 다름을 인정할
수 있으며, 그러면서도 여전히 일하며 서로 돕고 새로운
기술을 배우며 서로 연결을 맺고 친절을 베푸는 문화의
창출을 목표로 삼는다. 우리의 목표는 모두가 비슷해지는
게 아니라 서로를 보완하며 공동의 가치에 바탕을 둔 몇
가지 공동 실천에 나서는 것이다.

  MADR의 구호는 "대장도 없고, 말썽쟁이도 없다"이다.
이는 집단적인 상호부조 활동의 핵심 원칙에 관한 훌륭한
요약이다. 조직 내부의 위계구조를 거부하면서 공동의 가
치에 따른 책임을 다하자고 강조하는 이 문구는 참여자들

에게 우두머리의 명령이 아니라 자신의 자발적 의지에 따라 참가하고 협력하라고 요청한다.

함께 결정하기

아마도 집단활동 중에서 다른 모든 것을 가능하게 만드는 가장 중심이 되는 일은 결정하기일 것이다. 의사결정을 제대로 하는 경우 우리는 입수할 수 있는 가장 훌륭한 정보를 바탕으로 좋은 결정을 내리며, 서로 경청한다고 느끼고, 결정된 바를 실행하려는 열의로 충만하게 된다. 의사결정을 형편없이 하는 경우 우리는 지혜롭지 못한 결정을 내리며, 몇몇 사람들은 원한을 품거나 상처를 받거나 단절된 채 조직을 떠나고, 목적을 함께 추구하려는 열의가 식게 된다.

우리 중 대다수는 모든 구성원이 함께 결정을 내리는 집단에서 활동한 경험이 거의 없는데, 그 이유는 학교, 가정, 일터, 교회 등의 집단들이 대개 위계구조하에 운영되기 때문이다. 우리 사회는 강압에 바탕을 두고 움직인다.

우리는 일하거나 학교에 가야만 하고, 만들 때 목소리 한 번 내지 못한 규칙과 법률을 신뢰하든 말든 따라야 하며, 그렇지 않으면 배제, 낙인, 굶주림 혹은 처벌을 감내해야 한다. 우리는 삶의 조건을 합의로 결정하지 않는다. 사장, 대기업, 정부 관료가 대다수 사람을 가난에 빠뜨리고 지구를 오염시키며 부를 집중하고 전쟁을 시작하는 결정을 내린다. 우리는 단지 개별 소비자로서 결정하도록 허락받은 일만 행하며, 진정한 의미에서 집단적인 결정을 해본 적이 거의 없다. '다수결' 시스템 안에서 살고 있다고 하지만, 1%에 매수되지 않거나 1%의 일부가 아닌 이들에게 표를 던지는 사람은 거의 없으며, 그렇게 선출된 지도자들은 다수 대중에게 이익이 되는 결정을 내리는 법이 없다.

의사결정에 관한 이런 접근법의 정반대는 함께 결정을 내리는 것, 모든 사람의 동의에 마음을 쓰는 것이다. 이런 실천은 합의형 의사결정이라 불린다. 대의제 정부와는 달리, 합의형 의사결정을 통해 우리는 우리 편에 설 수도 있고 아닐 수도 있는 누군가를 선출하는 게 아니라 우리에게 직접적인 중요성을 지니는 사안에 목소리를 낸다. 합의형 의사결정은 지배와 강압에 기반하지 않은 새 세상을 건설하는 급진적 실천이다.

어떤 의사결정 구조도 모든 갈등을 예방하고 권력 역학을 피하지는 못하며 좌절이나 싫증 혹은 분열에 이르지 않으리라고 보장하지 못한다는 점을 기억하는 것이 중요하다. 그러나 합의형 의사결정은 위계구조와 다수결로 인한 최악의 피해만큼은 피하도록 도와준다. 권력 남용, 대다수 참여자의 사기 저하, 비효율성 등을 말이다. 합의형 의사결정은 모든 관련 당사자의 목소리를 경청하고 권력 역학을 해결할 기회를 주며, 단체의 가장 훌륭한 지혜를 대변하면서 구성원들이 기꺼이 실행하려 할 결정을 내릴 수 있게 한다.

합의형 의사결정이란 무엇인가?

합의형 의사결정은 누구나 자신에게 영향을 끼치는 결정에 대해 발언권이 있어야 한다는 생각에 바탕을 둔다. 만약 어떤 프로젝트를 함께 한다면, 특정인이 작업 방법을 통보하기보다는 모두가 작업을 어떻게 수행할지 결정해야 한다. 서로의 생각에 귀를 기울이면서 저마다 다른 경험 수준과 지혜를 존중하겠지만, 특정인이 우두머리처럼 행동한다거나 제일 선배라거나 전문가·백인·연장자·남성·고학력자로서 지배 문화 안에서 더 높은 사회적 지위를 점한다는 이유로 그들을 따르지는 않을 것이다. 합의형 의사결정은 토론에 참여한 사람들 모두가 가능성을 철저히 토의하고 의안을 모두가 받아들일 수 있도록 다듬고 또 다듬을 때 이뤄진다. 합의는 대립적이지 않고 협력적이다. '다수결'이라는 말을 사용할 때 그 목표는 자신의 입장이 다른 입장보다 최대한 더 많은 지지를 얻는 것이며, 사안을 그 방식에 따라 몰고 감으로써 '승리'하는 것이다. 이를테면 다수의 지지를 모으지 못한 사람의 필요와 관심은 무시한다는 것이다. 반면 합의를 통해 우리는 서로의 관심이 무엇인지 확인하게 되며, 가능한 한 **모든** 관심에 부응할 길을 열기 위해 노력하게 된다. 이는 경쟁과 탐욕이 우리의 본성이라는 신화가 아니라, 사람들이 서로의 좋은 삶에 관심을 기울이며 협력할 수 있다는 신념에 바탕을 둔다.

합의는 사안이 정확히 '내 방식'대로 다뤄져야 한다는 욕망이 아니라 집단 전체의 목적과 복지에 관한 관심을 고취한다. 합의 과정에서 참여자는 누구든 결정을 저지 block할 수 있으며, 서로를 배제하고서는 논의를 진전시킬 수 없으므로 실제로 충분한 시간을 갖고 각 구성원의 관심을 철저히 논의한다. 광범한 필요와 관심의 충족에 최대한 근접하는 수준으로까지 의안을 수정함으로써 의견 일치를 보려고 노력하기 때문에, 우리 자신이나 파벌만이 아니라 단체 구성원과 지역사회 구성원을 염두에 두고 결정을 내리는 기술, 가장 선호하는 것과는 다른 형태로 의안이 제출되더라도 개의치 않는 기술 또한 익힌다. 즉 우리는 결정이 어떻게 모두에게 서로 다르게 영향을 끼치는지 머릿속에 그리는 법을 배우며, 다른 이들의 필요와 열망을 고려하면서 생산적으로 논의를 전개하는 법을 배운다. 사람들은 합의 과정에서 '양해stand aside' 입장을 취할 수 있는데, 이는 관심에 부응하기 위해 쏟은 모든 노력과 표명된 모든 입장을 놓고 볼 때 비록 해당 제안을 전적으로 지지하지는 않아도 단체가 내린 결정이 최선이라는 데 동의함을 다른 이들에게 알리는 것이다.[2]

2 최근 사회운동에서 발전된 합의형 의사결정의 6가지 의사표현은 다

합의의 이상적 형태를 보여주는 다음의 예시를 살펴보
자. 어떤 단체가 오랜 시간 동안 의안을 철저히 토의하고
집단 토론을 통해 관심사를 경청하며 모두가 합의할 준비
가 된 듯이 보일 때까지 온갖 노력을 다한다. 그럼 누군가
가 합의를 요청하면서 혹시 '양해' 입장(의안 통과를 저지하
길 원하지는 않지만 이견이 존재함을 표명하려는 입장)이 있는지, 아
니면 '저지' 입장(중대한 이견이 있어서 의안이 추가 수정 없이 통
과될 수 없다고 생각하는 입장)이 있는지 확인한다. 저지 입장
이 있다면, 의안은 추가로 작업을 거쳐야 한다. 저지 입장
을 취한 개인이나 무리는 그들의 우려를 알릴 수 있으며,
단체는 회의 석상에서 의안을 추가 수정하든가 아니면 몇
몇 사람들에게 작업을 맡겨 차기 회의 전에 제출하게 할
수 있다. 만약 저지 입장은 없지만 양해 입장을 취하는 이
들이 많다면, 양해 입장의 이유를 좀 더 토의하여 의안을

음과 같다. ①의안에 찬성하지만 사소한 우려가 있다minor concerns.
②의안에 중대한 우려가 있지만 이것이 해소될 경우에 찬성한다major
concerns. ③의안 통과에 찬성하지만, 여전히 이견이 있기에 실행 과정
에 참여하지는 않겠다stand aside. ④의안을 거부한다veto. ⑤의안에 동
의한다agreement. ⑥기권한다abstention.

개선함으로써 입장을 좁혀갈 수 있을지 확인할 수도 있다. 만약 몇몇 사람들이 너무 많은 지점에 대해 거부 입장을 취한다면, 그들은 과연 자기에게 맞는 단체에 들어와 있는지(단체가 공유하는 목적을 실제로 믿고 있는지?) 혹은 이제까지 토론 중에 자기 생각을 숨기지는 않았는지, 아니면 단체가 그들의 목소리를 잘 경청하지 않는다고 느끼는지 점검해보는 게 무엇보다 중요할지 모른다. 일반적으로 저지 입장은 드물게만 나타나야 한다.

이 과정이 여러 회의에 걸쳐 나타난다는 점을 주목해야 한다. 가령 회의에서 1단계 토론 상황이 전개되면 참가자들은 차기 회의에서 더 발전적으로 수정된 의안을 토론하기로 합의할 수 있다.

합의형 의사결정을 한다고 해서 모든 결정이 집단 전체에 의해 이뤄지는 것은 아니다. 단체의 큰 계획의 실행 부분을 맡아 작업하는 팀에게 결정을 위임하는 것도 여전히 가능하다. 예를 들어 식료품 배달을 하는 단체라면, 특별팀을 두어 배달 시간표를 짜고 작업 배분을 결정하는 일을 맡길 수 있다. 팀에 위임할 결정은 무엇이고 집단 전체가 결정할 일은 무엇인지 나누는 방법은 뒤에서 논의할 것이다.

아래 표5는 합의 과정을 요약한다.

표5 합의형 의사결정의 기본 단계

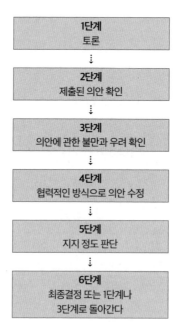

합의가 잘 작동하려면, 사람들에게 공동의 목적, 서로에 대한 일정 정도의 신뢰, 합의 과정에 관한 이해, 단체가 얻는 최선의 이익을 중심에 두려는 의지(그렇다고 사람들이 '집

단의 이익을 위해' 손해를 마다하지 않아야 한다는 말은 아니며, 항상 자기가 원하는 방식대로 되지 않더라도 개의치 않아야 한다는 정도의 의미다), 의안 준비와 토론에 시간을 쏟으려는 의지, 솜씨 좋은 회의 진행과 의제 준비 등이 필요하다. 어떠한 새로운 단체든 함께 일하는 법을 배우면서 이런 기술과 자질을 발전시킬 수 있다. 즉 처음부터 이 모든 것을 갖추지 않아도 괜찮다. 대다수 상호부조 단체에서 그 역량의 가장 중요한 부분은 공동의 목적에서 나온다.

합의형 의사결정의 장점

1. 더 나은 결정

더 많은 이들이 사장, 부모, 교사의 보복에 대한 두려움 없이 자신의 통찰을 함께 나누며 공개적 토론을 통해 결정에 참여할수록 쟁점에 관한 보다 의미 있는 정보와 지혜가 표면으로 떠오를 가능성이 높다. 위계적인 조직에서는 아무도 경청하지 않거나 이견을 냈다가 부정적인 결과를 경험할 수 있기에, 의견 공유가 위축된다. 우리 문화 안에 위계구조가 너무나 깊이 뿌리내리고 있기 때문에 고위직에 있는 이들은 자기네 생각이 더 우월하다고 전제하면서 별다른 의도 없이도 타인의 의견을 진지하게 받아들이지 않거나 일방적으로 결정을 내리고 남들에게 실행을 명령하는 등 지배 행위에 빠져드는 경우가 많다. 만약에 우리가 사람들이 집단적 자기결정권을 가지며 토지, 일, 주거, 물, 광물, 에너지, 식량 등 중요한 모든 것에 관해 정의를 중심에 둔 결정을 함께 내리는 세상을 건설하려고 노력한다면, 의사결정 과정에서 지배와 복종을 넘어서는 새로운 기술을 훈련해야 한다.

2. 더 나은 실행

다른 이들이 우리를 대신해 결정을 내리고 우리는 우려나 이견을 드러낼 기회가 없다면, 우리는 이를 실행하고 싶어지지 않을 것이다. 이는 일터에서 늘 있는 일이다. 일이 어떻게 돌아가야 할지를 사장이 결정하는데 피고용인은 방법이 틀렸다거나 일의 선후가 잘못됐다고 생각하는 경우, 일하면서 꾸물대거나 일을 명령과 다르게 수행하거나 아니면 전혀 하지 않게 마련이다. 자원활동 단체에서는 사람들이 결정 과정에 제 목소리를 내지 못하면 그냥

떠날 가능성이 높은데, 피고용인의 사례와는 달리 그들은 일이 그들의 원칙에 부합하지 않거나 의미 없게 느껴지는 경우 굳이 머무를 유인이 없기 때문이다. 의안을 함께 검토하고 이를 개선할 방안을 서로 이야기하며 모두가 좋아하거나 적어도 감내할 수 있게 될 때까지 최선의 방안이 무엇인지 철저히 토론한다면, 우리는 분열하거나 임무 완수에 실패하지 않고 함께 결정한 것을 보다 정력적으로 수행하는 경향이 있다.

3. 보다 많은 사람을 활동에 끌어들이고 계속 참여하게 한다

누군가 관심을 기울이고 있는 사안에 대해 절박한 마음으로 상호부조 단체에 처음 왔는데, 상황이 왜 이렇게 돌아가는지 혹은 상황이 어떻게 돌아가는지 이해하지 못하거나 현재 일어나는 일에 의견을 나누고 영향을 끼칠 길도 없다면, 그들은 떠날 가능성이 높다. 사람들은 뭔가 기여하려고 찾아오지만, 자기가 필요하다고, 소속되어 있다고, 뭔가의 일부라고 느껴야 그곳에 머문다. 비영리단체는 자원활동가에게 매우 제한된 참여 통로만 제공하는 경우가 많다. 할 수 있는 일이란 돈을 기부하는 것이거나, 우편

봉투에 내용물을 넣거나 전화를 돌리거나 행진이나 행사
에서 유인물을 배포하는 것이다. 그런 단체들은 자원활동
가와 대개 피상적인 관계만을 맺는다. 즉 자원활동가들은
단체 내에서 별다른 영향력을 갖지 못하며, 도움을 준다고
생각하면서 약간의 만족감을 느낄지라도 핵심 활동은 맡
지 못한다.

반면 상호부조 단체는 사람들이 활동과 깊은 관계를 맺
을 길을 열어주며, 중요하고 대담한 구호 작업을 함께 수
행한다는 사실에서 자신이 영향력을 갖고 있음을 느끼도
록 만든다. 즉 상호부조 단체는 그 구성원과 밀도 높은 관
계를 맺는다. 식료품을 배달하거나 긴급 전화에 응답하는
것 같은 한 가지 특정한 임무에 초점을 맞추더라도, 프로
젝트 전체를 고민하고 이에 영향을 미칠 기회를 보장하며
공동 관리하는 등의 방식으로 말이다.

4. 제도권에 흡수되지 않도록 돕는다

프로젝트와 단체가 제도권에 흡수되는 일은 대개 카리
스마적 지도자이거나 프로젝트의 창립자인 개인이 후원
금 증액, 영향력 확대, 일자리 혹은 여타 형태의 지위 등

의 미끼를 통해 엘리트에게 매수되어 흡수되면서 시작된다. 소수의 사람들이 프로젝트의 방향을 바꿀 힘을 갖게 되면, 체제에 흡수되게 만드는 유인책에 저항하기가 거의 불가능하다. 많은 경우에 지도자는 단체에서 가장 취약한 구성원은 아닌데, 왜냐하면 '설득력 있다', '중요하다' 혹은 '권위 있다'고 간주된다는 것은 인종, 젠더, 연령, 사용언어, 학력과 관련되기 때문이다. 그 결과, 프로젝트를 운영하는 개인이나 소집단은 프로젝트가 엘리트의 이익에 맞게 바뀔 경우 가장 많은 것을 잃을 사람은 아닐 가능성이 높다. 낙인찍힌 집단을 대상자에서 제외하는 새로운 자격요건이라든가 치안 당국이나 자선가와의 새로운 유착관계 같은, 흡수를 수반하는 변화에 반대할 가능성이 가장 높은 사람은 참여자들 중 가장 취약한 이들이다.

이러한 역학 아래에서 일부 상호부조 단체는 다른 상황에서 으레 버려지거나 주변화되는 이들의 목소리를 경청해야 한다는 분명한 견해를 현실에 적용하기 위해 명시적 기준이나 지침을 고안하여 채택한다. 정체성에 따라 의견차가 커서 보류 상태에 놓인 결정(예를 들어 단체 내의 여성이나 불법 체류자 중 대다수가 특정 의안을 반대하는 경우)을 재평가하여 해당 의안이 단체의 핵심 원칙에 부합하는지 판단하는 것이 그런 예다. 일부 단체는 단체 내 의사결정기구 구성에 할당제를 적용하여, 특별히 방치될 가능성이 높은 집단이 이 기구 안에서 적절히 대표되도록 보장한다.

5. 다른 이들의 참여를 열망하고 중시하는 법을 배운다

합의형 의사결정은 다수가 투표를 통해 소수를 제압하고 취약 집단을 침묵시키는 문제를 피할 뿐만 아니라, 다른 이들의 참여를 열망하는 문화를 확립한다. 경쟁(나의 생각이 승리하게 만들려는 경쟁)에 중심을 둔 의사결정 시스템은 다른 이들의 참여에 대한 무관심을 키운다. 합의형 의사결정의 경우에는 참여자들이 제안을 토론에 부쳐야 하고 모두가 충분히 만족해 아무도 저지하지 않을 때까지 수정해야 한다. 즉 참여자들이 다른 이들의 우려와 이를 해결하기 위해 내놓는 창조적 접근법에 기꺼이 귀를 기울이도록 훈련하게 된다. 만약 우리 운동의 목적이 수억의 민중이 운동에 나서도록 하는 것이라면, 세상이 이래야 한다는 우리의 생각에 동의하지 않거나 다른 생각을 지닌 이들이라도 참여하길 진심으로 바라야 한다. 대다수 사람은 활동의 틀을 짜는 데 아무런 발언권이 없다면 고된 무급 활동에 헌신하며 계속 머물지는 않을 것이다. 카리스마나 권위를 가진 사람들이 말하는 바에 동조하는 수준을 넘어, 또 다른 이들의 참여를 바라게 하는 훈련 방식이 필요하다. 우리 문화에는 우두머리 노릇하는 이들에 동조하거나 스스로 우두머리가 되려고 애쓰는 수많은 관행이 존재한다. 이제는 뭔가 다른 것을 배울 때다.

효과적이고 효율적인 합의형 의사결정

효과적이고 효율적인 합의형 의사결정을 위한 다섯 가지 훈련이 있다.

첫째, 팀 구성
둘째, 의사결정 표 작성
셋째, 제안하기 훈련
넷째, 회의 진행 훈련
다섯째, 새로운 참여자 환영

1. 팀 구성

상호부조 프로젝트는 처음 시작할 때 참여자가 몇 안 되는 경우가 많다. 인원이 적은(5명 이하) 상황에서는 만사를 비교적 쉽고 빠르게 함께 논의할 수 있다. 활동이 본격화되고 함께하는 이들이 늘어나면, 단기 혹은 장기 프로젝트에 관해 작업할 팀을 구성하고 프로젝트에 관한 의견을 본 조직에 보고하게 하거나 조직 차원의 결정을 위해 안건을 제출하게 하는 것이 매우 유용할 수 있다. 회의와 회의 사이에 팀이나 2인조로 모여 급한 과제를 수행할 수 있으며, 혹은 단체 내에 장기간 존속하는 기구로서 팀을 구성할 수도 있다. 예를 들어 면역결핍증이 있는 이들을 위해 동네에서 식료품을 배달하는 프로젝트에 착수한다면, 구매에서 배달에 이르는 과정에서 식료품을 소독하는 최선의 방식을 찾아내 이 구상을 본 조직의 회의에 보고할 소규모 조사팀이 필요할 수 있다. 또한 단체의 소셜 미디어 플랫폼과 온라인 요청서를 통해 접수된 지원 요청을 관리하는 상설 팀, 배달 임무를 배당하는 팀이 필요할 수도 있다. 단체는 필요에 따라 팀을 구성할 수 있고, 그 뒤에는 조건 변화와 경험에서 얻은 교훈에 따라 팀을 바꾸거나 합치거나 여럿으로 나눌 수 있다.

팀을 구성하고 누가 어느 팀에 속했는지 알게 되면 활동을 위임하는 데 유용하며, 이에 따라 소수에게만 임무가 떨어지는 일이 없게 된다. 활동 전개 과정이 보다 투명해지기 때문에, 단체에 처음 참여한 이들이 어떻게 활동에 녹아들어 쓸모 있는 일을 시작할지 파악하는 데 도움을 줄 수 있다. 이렇게 하면 사람들이 팀을 통해 수집하고 논의한 정보를 바탕으로 안건을 상세히 작성하여 제출할 수 있기 때문에 회의와 회의 사이에 논의가 원활히 이뤄지는 데도 도움이 될 수 있다. 또한 팀이 단체의 계획과 원칙에 따라 활동의 특정 부분을 개발하고 실행하는 권한을 위임받으면, 조직 전체 수준에서 의사결정이 몰려 지연되지 않게 막는 데 도움이 될 수도 있다. 조직이 더 거대해지고 복잡해질수록 보다 심층적인 계획이 더욱더 중요해질 수 있는데, 그러한 예로는 향후 6개월간의 활동 계획, 각 팀이 전체 활동의 일부를 관리할 수 있게 하는 계획에 관한 구성원 전체의 승인 등을 들 수 있다.

2. 의사결정 표 작성

갈등을 막고 구체적 과제를 수행하는 팀이 효율성과 생산성을 얻는 훌륭한 방법은 의사결정 표를 통해 어떤 결정이 팀에서 이뤄질 수 있고 어떤 결정은 조직 전체에서 하는지 사람들이 알아차리도록 하는 것이다. 단체가 어떤 결정을 내릴지 모두 예상할 수 있는 의사결정 표는 있을 수 없지만, 커다란 의사결정 표를 내다 걸면 (특히 민감하거나 갈등을 초래할 가능성이 높은 경우) 원칙에 맞게 결정을 내리는 데 도움이 될 수 있다. 의사결정 표는 항상 작성 중인 문서로 간주되어야 한다. 이를 활용하다 보면, 제대로 돌아가는 게 무엇이고 안 되는 게 무엇인지 찾아내 이에 따라 변화를 모색하게 된다.

다음 표6은 면역결핍증인 이웃들에게 식료품을 배달하는 단체의 사례에 맞춘 의사결정 표 견본이다. 이 견본은 일람표와 비슷한 모양새지만, 사실 의사결정 표는 어떤 형태로든 작성될 수 있으며, 어떤 항목이든 포함할 수 있고, 단체의 필요를 충족하는 방식이라면 무엇이든 따를 수 있다. 이는 순서도나 등락 그래프, 원이나 생태계, 그 밖에 단체에 의미를 지니는 어떤 형태로든 디자인될 수 있다.

표6 의사결정 표 견본

결정	누가 시작하는가?	누구와 협의해야 하는가?	누가 결정을 완결할 수 있는가?	누가 보고를 받아야 하며, 보고는 어떻게 이뤄지는가?
새로운 배달 요일 추가	배달팀(또는 누구든 배달팀에 이를 제안할 수 있다)	전체 구성원이 매월 정기 회의를 통해	배달팀	전체 구성원이 이메일을 통해, 또한 매월 정기 회의를 통해
언론 취재에 대응	소통팀	소통팀이 인용이나 인터뷰를 위해 필요한 사람 누구든 접촉할 수 있다	소통팀	전체 구성원에게 이메일과 매월 정기 회의를 통해 어떤 요청이 있었고 어떻게 대응했으며 결과는 어떠했는지 보고한다.

이 표에서 단체가 직면하는 한 가지 공통 문제는 언론의 요청에 대한 대응이나 성명서에 서명해달라는 연대 요청 또는 즉각적인 대응이 필요한 행사 같은, 빠른 속도를 요하는 결정에 어떻게 대처할 것인가이다. 이러한 상황에서 신속한 작업을 수행하도록 권한을 위임받은 팀이나 반이 있다면, 투명한 과정을 바탕으로 민첩하게 대응하는데 도움이 될 수 있다. 단체의 원칙에 정통한 두세 사람이

포진한 신속대응팀은 무엇이 쉽게 빠르게 대응할 수 있는 사안인지 혹은 무엇이 좀 더 복잡하여 조직 전체의 결정이 필요한 사안인지 말해줄 수 있다. 또한 신속대응팀은 신속한 결정이 내려진 사안에 관해 전체 구성원에게 즉시 알릴 책임이 있다. 이를 통해 예컨대 조직이 지지 성명을 발표했음을 알고 나서 단체 내의 다른 이들이 놀라지 않게 하고, 특정한 요청에 동의하지 않는 이들은 이의를 제기할 수 있게 해야 한다. 신속대응팀을 순환 보직제로 운영해 모두가 경험을 쌓게 하고 어떤 개인이나 팀도 독점적 결정자가 되지 못하게 한다면, 이는 단체에 큰 도움이 될 수 있다.

의사결정 표에 올릴 수 있는 다른 항목을 몇 가지 들자면, 다음과 같다.

- 자금 지원 요청이나 수령에 대한 결정
- 자금 사용에 대한 결정
- 몇 가지 중요한 방식으로 활동을 늘리는 결정(새 장소, 새 프로그램, 새 커리큘럼, 새로운 집단에 접근하려는 전략)
- 활동 일부를 중단하는 결정

• 새로운 사람들을 참여시키거나 더 큰 단체 혹은 연합에 합류하는 결정

• 사람들에게 탈퇴를 요청하거나 더 큰 단체 혹은 연합에서 탈퇴하는 결정

• 무엇 혹은 누군가를 지지하는 결정

• 유급 직책을 신설하거나 폐지하고 인력을 고용하거나 해고하는 결정

나는 단체 안에서 누군가(대개 카리스마 있는 지도자나 후원자)가 이러한 항목을 두고 다른 이들과 협의하지 않고 투명한 절차도 없이 결정할 때 매번 갈등이 빚어지는 것을 목격했다. 단체가 내리는 모든 결정에 이 표를 사용하지는 않겠지만, 몇 가지 결정을 기재한 표가 있다면 신입 회원들이 어떻게 의사결정을 하고 어떻게 투명성과 일관성을 제고하며 갈등을 막을지 방향을 잡는 데 도움을 줄 수 있다.

3. 제안하기 훈련

우리 모두는 사회 환경 속에서 비공식적으로 '제안 →

토론 → 수정 → 합의' 과정을 수행한다. 가령 내가 저녁 먹으러 가자고 말하면, 친구는 길모퉁이에 있는 식당에 가자고 한다. 나는 거기는 너무 시끄러우니 단골집에 가는 게 어떠냐고 말한다. 우리는 의견 일치를 본다. 더 많은 이들이 얽힌 보다 복잡한 결정을 다룰 때는 회의에 들어가기 전에 결정 사안을 제안 형태로 현실적으로 생각해보고 내용을 발전시키는 게 도움이 된다.

예를 들어 우리 단체가 긴급 직통전화를 통해 도움을 요청하는 이들 전체에 대해 기록한 데이터베이스가 필요함을 깨달았다고 하자. 도움을 요청하는 이들이 불법 체류자이거나 범죄자 취급당하고 있어서 비교적 안전한 방법으로 데이터베이스를 만들되 컴퓨터 사용에 능란한 이들이 열어보지 못하게 막아야 한다고 생각한다면, 몇몇 구성원에게 어떤 선택지가 있는지 조사하여 검토할 만한 제안을 갖고 오라고 요청할 수 있을 것이다. 그들은 자신들이 확인한 바를 보고하면서 다양한 방안의 장단점을 말한 뒤에 최선의 해결책이라 생각하는 바를 제안할 것이다. 그러면 우리가 나눌 다음 단계 대화는 훌륭한 조사의 결과물인 좋은 정보에 바탕을 둘 수 있게 된다.

사안을 한낱 구상이나 선호도를 가릴 대상이 아니라 하나의 의안으로 다룬다 함은 단체 구성원들이 충분한 시간을 갖고 선택지를 숙고하며 검토함을 뜻하며, 덕분에 억측이나 지나치게 세부적인 사항의 수렁에 빠지지 않게 된다. 예를 들어 우리 단체가 누군가의 석방을 위한 모금 행사를 기획한다면 장소, 날짜, 시간, 공연, 현장 봉사 전략, 접근성 그리고 여타 세부사항 등을 두루 살펴 행사 계획을 짜고 다음 회의에서 모두가 토론하면서 수정하도록 기획안을 만들 팀이나 반을 조직할 수 있을 것이다. 만약 규모가 큰 조직이 모든 세부사항을 상세히 논의한다면, 일이 훨씬 더 느려질 것이다.

우리가 회의에서 제안을 놓고 토의하다 합의에 이르지 못하면 어떻게 되는가? 대체로, 만약 어떻게든 해결책에 도달해야 한다고 생각하는 경우에는(예를 들어 여전히 데이터베이스는 필요하지만 선택지들과 관련해 풀리지 않는 문제가 있는 경우, 혹은 여전히 공연을 원하지만 프로그램에서 우리가 선호하는 공연자가 시간을 얼마나 필요로 하는지 모르는 경우) 논의를 더 전개하기 위해 의안이 다시 회부될 수 있을 것이다. 동일한 사람들이 다시 논의할 필요는 없다. 아마도 유용한 정보에 접

근할 수 있다거나, 단체가 충족하고자 하는 기준에 관해
뛰어난 식견을 지녔다거나, 회의와 회의 사이에 좀 더 진
전된 작업을 할 시간이 있다는 이유에서 새로운 인물들이
나서서 미해결 과제를 다루려 할 것이다. 의사결정은 누
군가가 이를 '나의 제안'으로 여기기보다는 모두가 단체
의 의안으로 바라볼 수 있는 경우에 더 잘 이루어진다. 이
런 방식을 통해 우리는 한 가지 결론에 경직되게 집착하
지 않게 된다.

한 가지 쓸모 있는 수단은 제안 서식을 마련하는 것이
다. 이는 특히 합의 절차를 활용하는 조직에 몸담은 적이
없는 새로운 참여자들이 자신들의 생각을 조리 있게 전달
하는 훈련을 하는 데 도움이 될 수 있다. 몇몇 단체는 이
런 종류의 서식을 공유 폴더(종이든 컴퓨터든)에 두어 모두
가 이용할 수 있게 한다. 제안 서식은 다음과 같이 간단한
형태를 띨 수 있다.

- 이 제안은 어떤 문제를 다루는가?
- 어떤 해결책을 제안하는가?
- 이 제안은 어떤 팀과 관련되는가? 이 제안을 단체 차원에

서 다루기 전에 여러 팀 중 하나가 담당하길 바라는가?

- 사람들이 이 제안을 살펴보기 전에 조사 작업으로 보완할 수 있는가?

또한 단체의 공동 목표에 관한 언급을 제안 서식에 덧붙일 수 있는데, 이는 결정에 지침 역할을 할 것이다. 또한 일부 단체는 제안서를 제출하면서 "이 제안은 장애인이 우리 프로젝트에 접근하는 데 어떤 영향을 끼치는가?" 혹은 "이 제안에는 금전적 비용이 포함되는가? 만약 그렇다면, 어떤 항목에 비용이 드는가?" 같은, 단체가 항상 해결해야 한다고 결정한 물음들이 검토돼야 한다고 덧붙인다.

4. 회의 진행 훈련

회의를 얼마나 잘 진행하는지가 단체의 운명을 좌우한다. 솜씨 좋은 회의 진행은 우리가 함께 결정을 내리고 서로 의견을 경청하고 포용한다고 느끼며, 갈등을 예방·해결하고, 성취와 승리를 기뻐하며 손실을 슬퍼하고 새롭고 보다 해방된 관계를 통해 함께할 수 있는 사람들이 되도록 돕는다. 나쁜 회의 진행은 회의를 지루하고 피곤하며 억압적이고 개인과 집단에 해를 끼치는 것으로 만들 수 있다. 우리 가운데 대다수는 잘 진행되는 회의에 참가해본 적이 없기 때문에, 보다 경험이 풍부하여 그 방법을 잘 아는 이들의 도움이 없으면 그런 회의를 할 줄 모른다. 달리 말하면, 단체에서 회의 진행에 상당한 주의를 기울일 만한 값어치가 있다. 만약 단체 안에 경험이 풍부한 사람이 없다면, 다음에 설명한 수단과 온라인에서 입수할 수 있는 또 다른 자료를 통해 누구나 도움을 얻을 수 있을 것이며, 각자 조직에 어떤 활동이 가장 잘 맞는지 스스로 결정할 수 있을 것이다.

고려할 가치가 있는, 좋은 회의 진행의 가장 기초적인 요소 몇 가지는 다음과 같다.

- 정시에 시작하고 끝내라.
- 의제(회의에서 논의할 내용의 목록)를 문서로 정리하라. 가능하다면, 이를 참석자들에게 사전 배포해 각자가 토의를 원하는 항목을 추가할 수 있게 하라. 회의 시작 전에 빠진 항목이 있는지 다시 한번 물어보라. 허락된 시간에 비해 항목들이 너무 많다면, 다음번 회의나 정기 회의 사이에 작업할 팀

을 통해 검토할 수 있는 항목이 무엇인지 함께 논의하라.

- 추후에 참고하거나 회의에 참석하지 못한 이들이 회람할 수 있도록 회의 내용을 기록할 서기를 지명하라. 필요한 경우, 사람들이 합의한 과제 목록을 적을 수 있도록 발언록 안에 여백을 마련해두는 게 좋다. 이는 회의와 회의 사이에 좋은 참고자료가 될 수 있으며, 다음번 회의를 시작할 때 혹시나 완수되지 못해 주의를 요하는 사안이 있는지 확인하기 위해 검토자료로 삼을 수 있다.

- 각 의제에 일정한 시간을 배정하고 시간기록원이 시간을 재서 회의가 지나치게 길어지거나 중요한 항목은 논의조차 못 하는 일이 없게 한다.

- 식사, 음료, 시, 게임, 음악을 제공하라. 또한 유쾌한 자기소개 시간으로 시작하거나, 사람들이 개성을 빛내도록 무대에 올려라. 우리는 과도한 진지함은 원하지 않는다. 우리는 일하러 왔지만, 또한 서로를 알고 즐기길 바란다!

- 회의가 참여를 북돋고 서로 격려하고 합의에 이르는 장이 되도록 도와라. 예를 들어 한 사람이 다시 발언하려면 다른 세 사람이 발언할 때까지 기다려야(이 규칙은 때로 '내 앞에 세 명'이라 불린다) 한다거나, 사람들의 호칭을 존중해

야[3] 한다거나, 뭘 결정하건 돌봄과 존중의 공간을 창출해야 한다고 단체 차원에서 합의할 수 있다. 회의를 시작할 때마다 매번 이 합의를 재확인하고, 신참자가 이를 확실히 이해하게 하며 만약 궁금한 사항이나 덧붙이고 싶은 게 있으면 질문하거나 제안하게 하라.

- 중요한 사안에 관해 토의할 때는, 시간이 허락한다면 모든 구성원의 의견을 경청하도록 참석자들이 돌아가면서 모두 발언하는 방식을 고려해보라. 늘 같은 사람만 발언하고 다른 이들은 침묵하는 경우 이 방법이 특히 긴요하다.

단체의 회의 진행과 관련해 일정한 규칙을 확립하는 한 가지 방식은 의제 서식을 마련하는 것이다. 이는 처음으로 회의를 진행하거나 의제를 정하는 사람들에게도 도움이 된다. 의제 서식은 다음과 같은 형태를 취할 수 있다.

3 　영어처럼 대명사에 성性 구별이 있는 언어권에서는 회의와 같은 집단생활에서 동료를 어떻게 호칭할지가 특히 중대한 쟁점이 된다. 성소수자의 존재를 무시하고 외양만 보고서 관행적으로 대명사를 사용하면, 커다란 실례, 나아가 억압이 된다. 따라서 본인이 원하는 호칭을 반드시 확인하여 he나 she 혹은 또 다른 단어로 불러야 한다.

표7 의제 서식

일시:	서기:	시간 기록원:	회의 진행자:	참석자:

주제	시간	진행자 혹은 의안 발표자
개회사, 돌아가며 자기소개	10분	
의제 검토	3분	
주제 A	20분	
주제 B	15분	
돌아가며 마지막 발언	10분	

회의를 시작하기에 앞서 진행자는 각 의제 항목마다 시간이 얼마나 필요한지, 모두 회의에 집중하게 하기 위해 구성원들이 동의한 의사진행 절차 중에 어떻게 활기를 재충전할지, 회의 중에 어떻게 따뜻하고 참여적인 문화를 만들어낼지 고민할 책임을 진다. 회의 진행자는 다른 이들과 대화하는 가운데 이런 질문들을 정리하곤 하는데, 예를 들면 의제를 제안한 이들에게 시간이 얼마나 필요한지, 과연 이번 회의에서 심의해야 할 만큼 긴급한 사안인지 묻거나, 이번 회의에 새로운 참석자들이 올 예정인지 확인하거나, 의제를 준비하는 과정의 여러 측면에서 도움

을 요청한다.

서기와 시간기록원 같은 다른 역할들과 함께 회의 진행을 구성원들이 돌아가며 맡으면, 새로운 기술을 습득할 수 있게 되고 권력의 작동이 정체·경직 상태에 빠지지 않음으로써 집단의 역학관계가 전반적으로 개선된다. 새 참여자들에게 이런 역할을 맡기는 경우에는 반드시 지원과 지침을 제공하여 이들이 순환 보직을 통해 단체에 봉사하는 만족스러운 경험을 할 수 있게 해야 한다. 일부 단체는 모든 회의를 두 사람이 공동으로 진행하는 게 매우 유익함을 확인하기도 한다.

사람들은 중요한 활동을 수행하러 단체에 찾아오지만, 일하는 로봇이 아니라 온전한 자기 자신으로 참여하는 것이다. 우리는 집단 안에서 진화하는 사회적 존재이며, 안전, 존엄성, 타인과 함께하며 소속감을 맛보고자 하는 타고난 깊은 열망을 지니고 있다. 좋은 회의 진행을 통해 우리는 갈등과 차이가 존재하는 곳에서조차 이러한 열망을 만족시키게 된다.

5. 새로운 참여자 환영

만약 우리가 바라고 또한 필요로 하는 거대한 변화를 쟁취하여 사람들이 존엄하게 살아갈 수 있고 지구에서 인류가 지속적으로 생존할 수 있게 하려면, 아직 대담한 집단행동을 함께 벌일 만큼 정치적으로 적극적이지 못한 수억 민중을 조직화해야 한다. 우리는 절대 우리의 적들만큼 돈과 무기를 갖지 못할 것이다. 우리가 가진 것이라고는 민중의 힘이 전부다. 우리는 사회운동에 참여한 적 없던 사람들이 사회운동에 가담하도록 도와야 한다. 그러려면 상황을 더는 두고 볼 수 없다고 생각하게 된 이들이 거기에서 더 나아가 그 상황에 맞서는 대응에 직접 합류하는 게 좋겠다고 느껴야 한다.

상호부조는 사람들이 변혁적 행동에 가담하게 만드는 최선의 진입로인데, 왜냐하면 상호부조는 그들과 그들의 지역사회에 직접 해악을 끼치는 것들을 다루기 때문이다. 새로운 사람들의 에너지와 집단행동 역량을 제대로 활용하기 위해 상호부조 단체는 새로운 이들을 환영할 준비를 갖춰야 하며, 토니 케이드 밤바라Toni Cade Bambara[4]의 말을 인용하자면, 저항이 저항할 수 없는 매력을 지니게make resistance irresistible 만들어야 한다. 우리는 새로운 이들이 단체에 가입하고 행동을 취하면서 만족스러운 경험을 얻으며, 새 기술을 습득하고, 불의에 관해 스스로 정치적 이해를 발전시키며, 나머지 삶의 여정 동안 저항운동에 머물길 바란다. 새로운 사람들이 단체에 가입하고 활동에 대해 공동 소유·공동 관리한다고 느끼고, 그러고는 이들이 다시 다른 이들을 끌어들이고 방향을 제시하여 활동에 깊이 빠져들게 하고, 이런 일이 이어지고 또 이어지는 덕분에 운동은 성장하는 것이다.

다음은 새로운 이들이 단체와 회의에 쉽게 접근하고 흥미를 느끼게 하는 데 도움이 되는 몇 가지 팁이다.

• 새로운 이들에게 왜 특정 쟁점에 관심을 가지는지, 그리고 왜 단체를 찾아오게 됐는지 함께 이야기할 기회를 준다. 많은 사람이 자신의 고립을 깰 길을 찾으며, 자신의 발

---

4   토니 케이드 밤바라(1939~1995)는 미국의 작가·다큐멘터리 감독·사회운동가. 오드리 로드, 토니 모리슨Toni Morrison, 앨리스 워커Alice Walker 등과 함께 20세기 말 미국 흑인 문예운동을 대표하는 여성 작가다.

언이 경청되고 불의의 근본 원인에 관한 이해를 함께 나눌
수 있는 장소를 찾고자 한다.

- 단체가 다루는 문제의 배경과 지금까지의 활동에 관한 설
명을 제공하여 새로운 이들이 회의의 논의에 최대한 쉽게
접근할 수 있게 한다. 현학적 어휘, 머리글자 약어, 지나치
게 전문적인 학술어를 피한다.

- 새로운 이들이 자기 생각을 함께 나눌 기회를 제공한다.
비록 그것이 전에 이미 검토한 적이 있는 구상이라 하더라
도 말이다.

- 단체의 회의 진행 과정을 새로운 이들이 보기에 투명하게
만들어 그들이 회의 진행 상황이나 논의 내용에 관해 갈피
를 잡지 못하는 일이 없게 한다.

- 새로운 사람이 첫 회의에 참석한 이후 더 궁금한 점이 있
는지, 어떤 식으로 활동에 참여하길 원하는지, 더 환영받
는다고 느끼기 위해 필요한 게 있는지 등을 담당자를 정해
확인하게 한다.

- 새로운 이들의 오리엔테이션에 초점을 맞춰 회의 의제 항
목과 프로그램을 주의 깊게 결정한다. 진행 중인 활동과 관련
된 지나치게 세부적인 토의는 새내기에게는 접근하기 쉽지

않을 수 있기 때문이다.

- 새로운 이들이 최대한 빨리 분명한 역할이나 임무에 녹아 들어 운동의 일부가 됐다고 느끼도록 돕는다.

아직 충분히 발전되어 있지 못하고 참여자도 적으며 자원도 부족한 우리 운동의 현 상황에서 한 가지 잔혹한 사실은 우리가 이따금 모든 활동에 피로를 느끼며 그럴 때마다 더 많은 이들이 참여하지 않는 현실에 대해 원망을 품는다는 것이다. 우리가 피곤과 원망에 찌들어 새로운 이들을 맞는다면, 우리 단체에 참여하는 것에 저항할 수 없는 매력을 느끼게 만들기는 거의 불가능하다. 우리의 회의가 우호적이고 재미있으며 따뜻하고 에너지가 넘치게 만든다면, 조직화의 쟁점으로 삼으려는 사안에 관해 사람들이 분노와 슬픔을 토할 공간을 만든다면, 서로에 대한 돌봄과 연결을 함양한다면, 단체가 강력해지고 활동이 보다 지속가능하게 될 뿐만 아니라 모든 참여자의 좋은 삶을 뒷받침하게 될 것이다.

상호성과 협력을 뒷받침하는 지도력 자질

강력하고 지속가능한 상호부조 프로젝트를 수립하기 위해 우리가 해야 할 한 가지 일은 인종주의, 식민주의, 가부장주의 사회에서 '지도력'이라 불리는 짐을 벗어버리는 것이다. 이 모델은 대개 개인성, 경쟁, 지배를 중심에 둔다. 지도자라고 하면 흔히 스포트라이트를 받으며 마이크를 쥔 사람들이라 생각하곤 한다. 진정한 승리를 쟁취하려면, 우리는 지도자가 없으면서 동시에 지도자가 넘쳐나는 집단을 건설해야 한다. 이는 우리가 더욱더 많은 사람이 참여하고, 이들 모두가 활동을 수행하고 새로운 이들을 결합시키는 데 도움이 되는 기술을 습득하길 바란다는 의미다. 우리는 적들이 고작 한 사람의 변절이나 흡수를 통해 우리의 활동을 망칠 수 없도록 우리 단체를 투명하게 만들길 바란다. 모두가 지도 역량과 기술을 갖추길 바란다. 다음 표는 개인과 단체가 지도력에 대해 익히 아는 바와 우리 스스로 지도력을 재규정하는 방법을 곱씹는 도구가 될 수 있다.

표8 지도력 특성

고압적 지도력	협력적 지도력
타인을 지배하거나 결정자가 되는 것을 '성공'이라 규정한다	결정에 영향받는 사람들 모두를 포함하는 의사결정 과정의 발전을 돕는다
"내가 하자는 대로 하고, 아니면 떠나라" 식 태도	다른 이들이 어떻게 활동하는지, 그들이 필요로 하거나 믿는 것, 원하는 것을 확인하려 한다
자신의 승진에 골몰한다	많은 이들이 지도력 기술을 개발하고 함께 스포트라이트를 받도록 도우며, 주목을 끌기보다는 물밑에서 뭔가를 해야 할 때가 언제인지 판단할 능력이 있다
평판을 유지하고 '제일 잘났다'거나 '올바르다'고 보이는 데 신경 쓴다	실수를 인정할 태세가 되어 있다
오만하고 우월감이 있다	겸손하고 위엄 있다
혼자 말하고 명령하는 데 능하다	소통하는 데, 즉 함께 나누고 듣는 데 능하다
지위나 공포를 통해 혹은 최강 권력자로 보임으로써 타인의 지지를 획득한다.	남을 돕고 일관되며 신뢰할 만한 태도를 통해 지지를 얻는다
자기가 옳다고 확신한다	남의 영향을 받으며 자기 의견을 바꾸는 데 열린 태도를 보인다
단체가 언론이나 엘리트에게 어떻게 비칠지에 관심을 쏟는다	단체의 실질적 영향력, 즉 고통을 줄이며 정의를 늘리고 있는가에 관심을 쏟는다
단체 내에 경쟁을 조장한다	단체 안에서 낙오하는 이가 한 명도 없게 하겠다는 열망과 공감을 촉진한다
새로운 이들을 의심의 눈으로 본다	선명한 원칙과 경계선을 견지하면서도 신참자에게 관대하며 개방적이다
충동적이어서 일시적 기분에 따라 변화를 기획한다	그룹의 결정을 확고히 견지한다. 믿고 의지할 만하다

자신의 의견과 다르거나 동의하지 않는 이들을 비판하고 배제하려 든다	다양한 지점에서 차이를 보이는 이들을 관용할 줄 안다. 사람들에게서 변화를 위한 활동의 일부가 될 잠재력을 보며 이들이 기술과 역량을 개발하도록 돕는다
지위를 통해 자신감을 얻는다	자신을 솔직하게 받아들이며 흔들리지 않는 자신감을 지니고 있다. 그래서 위험을 감내할 줄 알며, 인기 없는 의견도 견지할 수 있다
엘리트의 생각에 가장 신경 쓴다	위계구조의 밑바닥에 있는 이들의 생각과 지식에 가장 신경 쓴다. 진정성을 함양하려 노력한다
가장 주목받아야 한다	눈에 띈다는 사실의 위험을 감내할 줄 알며, 다른 이들이 눈에 띄도록 뒤로 물러날 줄도 안다
사람들에게 뭘 할지 통보한다	요청을 받지 않으면 충고하지 않으려 한다. 사람들이 가치에 부합하는 결정을 내리도록 돕는 데 관심이 있다.
엄청나게 타협해야 하는 한이 있어도 당장의 이득을 얻으려 한다	멀리 내다보고, 가치를 견지한다
모욕적인 피드백을 주거나 피드백을 아예 주지 않는다. 직접적인 피드백을 주지 않고 쑥덕공론을 일삼는다	공감 어린 방식으로 직접 피드백을 준다
피드백에 폐쇄적이고 방어적이다	피드백에 개방적이며, 다른 이들에게 어떻게 영향을 줄지에 관심이 많다
통제하며, 세부사항까지 관리하려 한다	위임할 줄 알며, 도움을 요청할 줄 알고, 더 많이 통제하려 하기보다는 보다 많은 이가 참여하길 바란다
결과지향적이다	보다 많은 이가 의사결정에 참여하게 하는 과정을 진심으로 지원한다
다른 이들을 불편하게 하면서 자신의 편안함을 추구하고 요구한다	불편한 상황, 역할 변경이나 어색한 분위기, 조건 변화 등에서 교훈을 얻는 데 관심이 많다

이 표를 활용하는 방법

1. 앞의 표에 빠진 게 무엇인지에 관해 단체 안에서 글을 쓰거나 이야기를 나눠라.

2. 계발하고 성장시키기 위해 노력한다고 생각하는 특성에 동그라미 표시를 하라. 그 성장에 도움을 주는 것으로는 무엇이 있을까?

3. 협력적 지도력 훈련에 방해가 된다고 생각하거나 당신이 중시하는 가치와 맞지 않는다고 느끼는 특성에 동그라미 표시를 하라. 당신은 어디에서 이런 특성을 갖게 되었는가? 이런 특성은 당신에게 어떤 영향을 미쳤는가? 이런 특성은 당신이 바라거나 믿는 바를 어떤 식으로 방해했는가? 당신이 중시하는 가치에 보다 부합하는 행동으로 나아가는 데 도움을 주는 것으로는 무엇이 있을까?

4. 당신이 속한 단체에 널리 퍼진 특성에 주목하라. 당신이 생각하기에 이로운 특성을 키우고 해로운 특성을 줄이는 데 도움이 될 수 있는 것으로는 무엇이 있을까?

명성을 얻을 때 주의할 점

소셜미디어는 우리의 개인주의를 조장했으며, 자신에게 급진파라거나 정치적 '올바름'이라는 '상표를 붙이려는' 열망을 강화했다. 우리가 최대한 많은 시간을 소셜미디어를 위해 무료 콘텐츠를 만드는 데 보내고 온라인 플랫폼에서 '좋아요'를 받아야 한다고 느낀다면, 이는 페이스북과 트위터 같은 대기업에게나 이익이 되는 짓이다. 이 모두는 우리가 실제로 뭔가를 행하기보다는 행한다고 여겨지길 바라도록 동기를 부여할 수 있다. 많은 상호부조 활동은 매우 일상적이며 때로는 지루하고 많은 경우 힘들다. 앞에서 이미 든 사례로 돌아가보면, 다들 앤절라 데이비스와 셀프카메라를 찍어 소셜미디어에 올리길 바라지만, 수감자를 면회하고 재판에 동행하며 복지 사무소에서 길게 줄을 서서 기다리고 독방 감금자에게 편지를 쓰며 동네 노인에게 식료품을 배달하는 데 시간을 들이거나 도움이 필요한 사람들을 위해 돌봄 활동을 어떻게 배치할지 회의하는 데 많은 시간을 쏟아붓길 바라지는 않는다.

명성이나 지위, 모르는 사람들이 몰려와 남기는 '좋아요'에서 자신감을 느끼는 경우 우리는 난관에 빠진다. 칭찬과 주목을 추구하면서 우리가 표방하는 원칙을 견지하고 타인을 잘 대우하기란 힘들다. 개인주의·경쟁·출세와 거리를 두며 지도력을 재규정하려면, 우리는 자신을 더 큰 전체의 일부로서 바라보며 관심을 기울이는 사람이 되어야 한다. 즉 매우 자주 자기평가를 수반하는 물질주의적 자기애("나는 남들에게 올바르게 보이고 '좋아요'를 받으며 유명해질 때 괜찮은 상태이고 사랑받을 자격이 있다")에서 벗어나, 우리 자신을 포함한 만인이 살아 있다는 그 이유만으로도 존엄성·소속감·안전을 누릴 자격이 있다는 투철한 믿음으로 나아가야 한다. 그러려면 다른 모든 이들이 그러하듯이 아름답고 우아하게 일상을 살아가려는 열망을 진작해야 한다. 우리는 자본주의가 우리 삶의 목표라 둘러대는 부와 명성을 획득한다는 공상이 아니라, 만인이 필요한 바를 누리고 자기 삶의 아름다움을 창조적으로 표현할 수 있게 된다는 공상을 키워나간다.

그릇된 습관을 버리려면 평생 애를 써야 하는데, 왜냐하면 우리는 우리를 불안정하고 타인의 인정을 추구하며 개인주의적이고 때로는 천박하게 하는 이 시스템에 의해 형성되어왔기 때문이다. 하지만 우리 모두는 타인과 결연하고, 서로 고통을 덜기 위해 봉사하며, 우리가 사랑하는 이들과 우리를 잘 아는 이들의 관심과 사랑을 받으려는 깊은 인간적 열망을 지니고 있기도 하다. 상호부조 단체는 우리 안에 내재한 이러한 학습된 본능과 동인動因에 주목하면서 그릇된 습관에서 탈피할 수 있는 장소, 즉 상호성에 따라 행동하고 **목적의식적으로** 서로를 돌보기를 선택할 수 있는 장소다.

돈 관리

돈을 다루는 일은 상호부조 단체에서 가장 논쟁을 일으키기 쉬운 쟁점일 수 있다. 그렇기에 단체에 정말 돈 문제가 개입되기를 원하는지 고민해보는 게 커다란 도움이 된다. 어떤 단체는 모금을 전혀 하지 않아도 활동을 펼칠 수 있다. 어떤 단체는 지역사회의 풀뿌리 지지자들에게만 십시일반으로 돈을 모아 활동을 벌일 수 있다. 이런 방식으로 모금한다면, 보조금을 주는 재단이 보조금의 전제조건을 달고 활동 방향을 통제하려 드는 문제를 피할 수 있다. 풀뿌리 모금은 엘리트 후원자가 아니라 지역사회가 조직을 통제한다는 의식을 확립하는 데 도움을 줄 수 있으며, 풀뿌리 모금의 실행은 단체의 생각을 퍼뜨리고 단체가 활동 쟁점으로 삼는 문제에 관해 각성을 불러일으키는 한 방법이 될 수 있다. 하지만 이런 방식으로 돈을 모으더라도 돈을 다루는 일에는 여전히 함정이 도사리고 있다.

　돈을 다루다 보면 스트레스를 야기하고 시간이 많이 걸리는 부속 업무 문제들이 따른다. 공정하고 투명한 돈 관리 방법을 찾아내고, 국세청과 껄끄러워지거나 단체 회원들을 법적 문제에 얽히게 하지 않을 방법을 찾아내는 등의 일이 그것이다. 우리 사회를 살아가는 대다수 사람들은 돈에 대해 착종되고 고통스러운 관계(비밀주의, 수치심, 좌절 등의 감정과 행위를 포함하는)를 맺고 있으며, 다른 경우라면 훌륭했을 많은 사람도 주위에 돈이 몰리거나 타인의 돈 관리가 의심되면 잘못된 행동을 저지르게 된다.

　때로 단체는 활동가에게 급여를 주기 위해 자금을 조성하려 한다. 단체에 상근자가 없는 경우, 법정이나 사회

서비스 시설에 동행해주는 것처럼 전형적인 업무시간 중에 이뤄져야만 하는 상호부조 활동은 어려울 수 있다. 상근자를 두면 도움을 제공할 역량이 늘어날 수 있다. 그러나 유급 직원이 수반할 수 있는 몇 가지 어려운 과제를 저울질해볼 필요가 있다. 자원활동가들로만 운영하던 단체가 유급 직원을 두려고 돈을 모으면, 후원자의 호의를 잃을 경우 누군가의 생계가 타격을 받는다는 점 때문에 후원자에게 영합하고 제도화되는 더 심각한 위험이 닥치게 된다. 단체는 그들이 생각하기에 가장 효과적인 방식으로 활동하기보다는 후원자의 요구에 따라 자기 활동을 평가하고 보고하는 데 시간을 쏟거나 후원을 받을 만한 프로젝트로만 활동 방향을 맞추도록 압력을 받으며 자율성을 상실할 수 있다.

자금을 끌어오기 위해 단체는 국세청에 비영리단체로 등록하거나 재정후원 비영리단체nonprofit fiscal sponsors[5]를 확보해 보조금 그리고/또는 세액 공제가 가능한 기부를

---

5   자기 사업영역과 관련된 단체나 프로젝트에 재정을 후원하는 비영리
    단체를 말한다.

받게 되길 바랄 수도 있다. 문제는 그러려면 자금흐름 추적과 행정 기술이 필요하다는 것이다. 비영리단체가 되면 때로 이러한 기술과 시스템에 보다 쉽게 접근하는 일부 사람, 즉 백인, 정규 교육을 더 많이 받은 사람, 전문직 경험이 있는 사람에게 권력이 집중되는데, 전문 기술을 갖추는 것이 상근직 채용의 필수 조건이 되는 경우에 더욱 그러하다. 게다가 이는 정부가 단체를 주시하고 후원자를 감시하게 할 수 있으며, 그래서 소심하거나 위험 감수를 회피하는 문화를 조성하기도 한다. 그뿐 아니라 후원자에 의존하는 경우 단체는 거짓으로 승리를 선언하거나, 과거에 자금을 얻기 위해 쓴 전략이 단체의 목적을 추구하는 데 더는 제 역할을 못할지라도 이를 고수하려는 유혹에 빠진다. 특정 민중 집단의 필요에 부응한다고 자처하는 조직이 실제로는 소수에게만 봉사하는 비영리 부문에서 이 문제가 자주 나타난다. 하지만 언론이 전하는 이야기 속에서 이런 진실은 다 가려진다. 이 때문에, 진짜로 보다 많은 대중의 요구에 대처할 수 있는 새로운 조직이 출현하기 힘들어진다. 반면 단체가 자원활동가에 바탕을 두는 경우 사람들은 엘리트의 승인이 아니라 목적의식에 따라 동기를 부여받기 때문에 자신의 한계를 받아들이고 잘 못된 생각을 폐기할 가능성이 더욱 높아진다.

유급 직원 채용에 따르는 또 다른 함정은 단체에 상근 자가 생기는 경우 단체 내 무급 자원활동가들이 갑자기 모든 활동을 몇 안 되는 상근자들이 떠맡길 기대하며, 때 로는 자원활동가가 조직을 그만두기까지 한다(특히 유급 직 원을 채용하기 전에 자원활동가들이 과로했다고 생각하는 경우)는 것 이다. 이 때문에 단체는 쉽게 역량을 상실해 약화될 수 있 고, 소수의 직원에 의해서만 운영되는 상황에 처할 수 있 으며, 그래서 이들이 번아웃과 과로에 시달리게 될 수 있 다. 게다가 이 때문에 책임 과부하 상태에 몰린 새로운 직 원이 가혹한 비판을 받고 '과오'를 저질렀다고 몰릴 수도 있 다. 사안의 영향을 가장 많이 받는 집단 출신을 고용한 경 우, 그리고 그가 전문적 환경에서 공식 활동을 한 경험이 미미한 경우는 이 문제가 특히 심각하게 나타날 수 있다.

자금을 모으려 하고 유급 직원을 두는 데는 물론 나름 의 이유가 있지만, 이러한 조치는 돈이나 의사결정과 관 련해 투명하고 책임성 있는 시스템을 구축하는 데 초점을 맞추어 조심스럽게 이뤄져야 한다. 횡령 방지를 위해 회

계 감사를 실시할 경우에는 늘 적어도 두 명이 함께 작업
해야 한다. 돈의 수입과 지출은 단체 내 모든 참여자에게
투명해야 한다. 단체가 중시하는 가치가 돈을 어떻게 지
출할지에 관한 지침 역할을 해야 한다. 예를 들면 전문 학
위와 연관된 특권적 지위를 근거로 급여를 차등 지급하
는 것이 아니라 직원들에게 공정하고 평등하게 급여가 지
급되도록 보장해야 하며, 사람들이 과로에 내몰리지 않게
해야 한다. 명확하고 투명한 예산 및 계획 수립 절차를 통
해 모든 참여자, 심지어는 전에 이런 절차를 한 번도 경험
하지 못한 이들까지 이를 이해할 수 있게 한다면, 모두가
뿌듯함을 느끼며 함께 결정을 내릴 수 있을 것이며, 단체
가 참여도 적고 의미도 찾기 힘든, 직원 중심의 작은 조직
으로 위축되지 않게 막는 데 도움이 될 것이다. 단체 안에
서 더 많은 이들이 제도화와 자선가들의 통제가 위험함을
깨달을수록 단체가 돈을 다루면서도 계속 대의와 원칙에
충실할 가능성이 높아질 것이다.

번아웃

번아웃은 사람들이 상호부조 단체를 떠나면서 자주 대는 이유 가운데 하나다. 번아웃은 너무 열심히 일하는 데서 비롯된 단순한 탈진 그 이상이다. 내가 만난, 자신이 번아 웃됐다고 묘사한 사람들은 대부분 일하다 그만둔 단체에서 고통스러운 갈등을 겪은 상태였고, 이는 대게 조직의 실상에 만족하지 못하고 상처받았기 때문이었다. 번아웃은 원망, 탈진, 수치심, 좌절의 결합체로서, 활동 중에 우리가 즐거움이나 열정과 접속하지 못하게 만들고 회피, 강박, 통제, 불안 같은 곤란한 감정에 직면하게 한다. 단지 탈진에 불과하다면 일을 중단하고 쉬었다가 복귀하면 그만이겠지만, 번아웃을 느끼는 이들은 활동에 복귀할 수 없다고 느끼거나 자신이 몸담았던 단체나 활동이 독약 같았다고 느끼는 경우가 많다.

이런 감정과 행위는 우리의 활동을 규정하는 사회적 조건의 논리적 결과다. 우리는 경쟁, 불신, 축재, 도피, 단절을 부추기고 남이 우리를 어떻게 보며 우리가 무엇을 생산하는지로 우리의 가치를 제한하는 자본주의, 가부장제,

백인우월주의 문화에 빠져 있다. 중요한 측면에서 우리의 활동은 자원 부족에 시달린다. 우리 중 다수는 빈곤이나 폭력을 직접 체험했기에 활동에 나섰지만, 이런 활동을 수행함으로써 옛 상처와 생존 위협에 대한 반응survival responses[6]이 되살아날 수 있다. 우리는 자신과 세상을 치유하기 위해 활동에 나서지만, 자신에게 더 큰 상처를 남기고 저항에 기여하지 못하게 방해하는 방식으로 활동을 수행하는 경우가 많다. 우리 단체는 '저기에서' 중요한 것을 이뤄내는 데 집중하지만, 정작 '여기에서' 우리 역할을 찾아 나아가는 법은 알지 못한다는 사실을 인정하거나 우리의 강력한 감정을 처리하지는 못하는 형편이다.

번아웃은 우리가 타인과 단절됐으며, 혹사당하고, 오해받으며, 수치스러워하고, 너무 무거운 짐을 지며, 결과에 집착하고, 완벽주의자이거나 만사를 통제하려고 느낄 때 발생하거나 악화된다. 번아웃은 우리가 타인과 연결됐으

---

6 생명체의 생존을 위협하는 충격에 대한 반응으로 흔히 '싸우기fight'와 '도망가기flight', 두 가지 반응을 든다. 여기에 '가만히 있기freeze', '죽는시늉하기flop', '친해지기friend'를 추가하기도 한다.

며, 함께 일하는 방식이 투명하고, 필요하면 쉴 수 있으며, 단체에서 우리의 노고를 알아주고, 피드백을 주고받는 기술을 갖추고 있을 때 예방되거나 약화된다. 단체가 번아웃을 예방하거나 줄이거나 이에 대처할 조건을 조성하기 위해 할 수 있는 몇 가지 일이 있고, 번아웃을 겪는 개인이 할 수 있는 일들이 있다. 번아웃된 사람들은 단체를 떠나기 전에 많은 분열과 피해를 낳곤 하며, 그래서 이 단락의 목적에는 번아웃 혹은 과로에 시달리는 사람들이 초래할 수 있는 해악을 줄이는 것도 포함돼 있다. 활동과 과로 사이의 보다 균형 잡힌 관계를 어떻게 설정할지 확인하는 것은 개인을 치유하는 문제일 뿐만 아니라 단체의 집단적인 공동 관리의 문제이기도 하다.

과로와 번아웃의 징후

- 누군가가 나와 다른 방식으로 임무를 수행하거나 단체가 내 기대와 다른 결정을 내린다고 생각하면 스트레스를 크게 받는다.
- '이 단체의 활동은 내가 다 했다'거나 '나보다 열심히 일한

사람은 없다'며 울분을 느낀다. 누가 가장 열심히 일하는지
를 놓고 경쟁하는 해로운 집단문화를 만드는 것도 이에 속
한다.

• 창립자나 가장 열심히 일하는 활동가로서 남보다 우월하다
느끼기 때문에 단체 내 합의나 절차를 존중하지 않는다.

• 정치적으로 제휴하거나 여타 쟁점에 관해 협력하는 다른
단체 혹은 더 많은 지지를 받고 있다고 생각되는 활동가에
게 경쟁심을 느낀다.

• 순교자의식을 느낀다.

• 활동을 놓고 끊임없이 찬사를 받고 싶어 한다.

• 단체에서 '중요한' 인물이 되거나 결과를 통제하기 위해
임무와 책임을 떠맡고 싶어 한다.

• 감정에 압도되거나 우울 그리고/또는 불안을 겪는다.

• 이 모든 것을 '해야 한다'고 느끼며, 일을 줄이거나 책임을
덜어낼 방도는 보지 못한다.

• 남이 지도자 역할을 맡는 꼴을 보지 못한다.

• 남이 자기와 같은 지도자 등급에 오르지 못하도록 중요한
연락처나 정보를 숨긴다(이런 행위는 일정한 방식으로 합리화되는
게 보통이다).

- '이것은 **반드시** 내 방식대로 이뤄져야 한다'고 절박하게 느낀다. 이런 생각이 극단으로 치달으면, 뒤로 물러서서 지도자 역할을 잠시 쉴 때가 됐다고 인정하기보다는 지도자가 그룹이나 프로젝트를 고의로 방해하는 상황까지 초래할 수 있다.

- 단체 내의 다른 사람이나, 이런 종류의 활동을 하는 다른 이들에 대해 망상과 불신을 품는다. 혼자라고 느낀다. '(단체 구성원들이/다른 단체가/만인이) 날 반대한다'고 느낀다.

- 약속은 많이 하지만 이행은 별로 하지 않으며, 이로 인해 정직하지 못하며 남들에게 뒤처질까봐 두렵다고 느낀다.

- 희소성에 집착하는 결정을 내려야 한다는 느낌을 받는다. '돈/시간/언론의 관심이 아직 충분하지 않다.'

- 활동과 관련해 경계선이 없다. 시도 때도 없이 일한다. 식사 중에는 물론 눈뜨자마자 일을 시작해 잠들기 직전까지 계속 하며, 사랑하는 사람과 만나는 데 보내야 할 시간에도 일한다. 활동 외에는 할 줄 아는 게 없다. 휴가 중이나 휴일에 즐거운 시간을 보내거나 편안한 기분을 느끼지 못한다.

- 단체 내 절차의 중요성을 무시하며, 후원자와 엘리트 등

외부인이 단체를 어떻게 바라보는지에 과도한 의미를 부여한다.

- 말썽쟁이나 믿지 못할 사람으로 비친다.
- 앞의 내용들 중 어느 것에 대해서든 방어적 자세를 취하며 비판에 귀를 기울이려 하지 않는다. '나는 정말 엄청나게 일하고 있어. 일로 죽을 지경이야. 그런데 어떻게 날 비판할 수 있지? 이보다 더 잘/많이 할 수는 없다고!'
- 앞의 내용에 해당하는 경험이 창피하다.

우리는 특히 능력에 부칠 정도로 스트레스를 받으면 우리가 표방하는 가치를 허물어뜨릴 수 있는 퇴행적 태도와 행동을 보이기도 한다. 이는 지배 문화에서 배운 행동일 수도 있고, 가정에서 배운 역할일 수도 있다. 스트레스를 받고 과로할 경우에 이러한 태도와 행동은 파괴적인 방식으로 밖으로 나올 수 있다. 즉 우리는 단체의 절차를 어기거나 가로막을 수 있고, 활동에서 떠날 수 있으며, 젠더·인종·장애·계급·학력에 바탕을 둔 우월의식이나 권위에 따라 행동할 수 있다.

어떻게 하면 상호부조 단체가 과로와 번아웃을 예방하고 해소할 수 있을까

상호부조 단체에는 과로가 만연해 있다. 하지만 만약 우리가 자신과 타인을 부끄러이 여기고 비난하는 데서 벗어나 이 사실을 인정한다면, 변화를 이끌어낼 수 있다. 해로운 행위에 관해 다른 사람에게 항의하는 것은 쉽지 않으며, 해로운 행위에 관해 다른 사람에게 항의를 받고 그 이야기에 귀를 기울이는 것 역시 쉽지 않다. 다음에 제시한 아이디어만으로 이를 바꾸지는 못하겠지만, 개인이나 단체가 이 문제를 해결할 구체적 단계를 밟아나가는 데 도움을 줄 수는 있을 것이다.

1. 내부 문제를 가장 우선시하라

단체는 내부적으로 갈가리 찢긴 상황에서는 중요한 활동을 수행할 수 없으며, 힘에 부치는 과업을 하겠다고 약속했다가는 활동을 제대로 수행할 수 없다. 채워야 할 거대한 공백이 가까운 미래에 금세 줄어들 일은 없을 테니, 내부의 걱정거리를 뒤로 미룰 수는 없다. 그렇다고 단체

의 활동이 중단되어야 한다는 말은 아니다. 새로운 프로
젝트와 임무를 유예해 상황이 더 나빠지지 않게 하고 사
람들이 내부 문제 해결에 시간을 할애할 수 있게 해야 한
다는 뜻이다.

내부 문제를 고민하는 단체는 다음 자원 가운데 하나를
활용할 수 있다.

- 회의 진행, 의사결정, 합의 과정, 적극적 경청, 직접적 피드
  백 주고받기를 훈련한다.
- 인종주의, 장애인차별, 성차별, 동성애 혐오, 트랜스젠더
  혐오, 계급차별과 그 밖의 의미·통제 시스템이 어떻게 그
  룹의 발전과 문화에 영향을 끼치는지 그리고 이를 어떻게
  바꿀지에 관해 토론을 독려하고 훈련한다.
- 단체 활동을 집단적으로 계획함으로써 참여자들이 우선
  순위가 무엇인지에 관해, 그리고 함께 하기로 결정한 것과
  하지 않기로 결정한 것이 무엇인지에 관해 뚜렷한 인식을
  공유하게 한다.
- 팀 그리고/또는 개인이 어떻게 업무를 공정하게 할당하고
  업무 부담을 평가할지 확인하도록 활동 계획을 수립하고,

합리적인 업무 속도를 계획한다.

- 단체가 표방하는 가치를 이해하고 갈등 당사자들이 신뢰하고/신뢰하거나 상대적으로 중립이라 여기는 회의 진행자를 통해 특정한 사람 혹은 집단 간 갈등을 중재한다.

- 단체 내에 투명성을 확립하도록 노력함으로써 서로가 무엇을 하고 있는지 알게 하고, 비슷하거나 유관한 활동을 수행하는 동지적 단체들이 이 단체가 하고 있는 활동을 알게 한다.

- 단체 내 역학관계에서 교정이 필요한 게 무엇이고 잘되고 있는 게 무엇인지, 서로의 의견을 듣거나 자신의 역할과 관련된 쟁점이나 걱정거리를 토론하고 단체의 지원을 요청할 수 있는 정기적인 대화 일정을 잡는다.

2. 새로운 사람들이 환영받고 공동 지도자가 되도록 훈련받게 하라

새로운 이들은 그룹의 활동에 관해 충분한 배경 설명을 제공받고, 모든 결정에 온전히 참여하도록 요청받는다는 점을 분명히 이해하며, 참여를 위해 필요한 바를 물어볼 기회를 보장받아야 한다. 보다 많은 이들 사이에서 지도력을 구축하려면, 공동 지도자가 되기 위해 필요한 바에

누구든 접근할 수 있도록 보장하는 것이 필수적이다. 한
두 사람이 아니라 많은 이들이 조직을 이끌 때 단체 구성
원들과 단체 전체가 훨씬 나아지게 마련이다.

3. 업무 부담을 평가하고 줄이는 메커니즘을 수립하라

각 구성원은 얼마나 오래 일하는가? 그들이 할 수 있는
수준, 자신의 좋은 삶을 유지할 수 있는 수준을 넘어서지
는 않는가? 각자가 얼마나 오래 일하고 있는지 알아차릴
수 있도록 주중 활동 시간을 실제로 기록했는가? 업무 부
담을 평가하고, 감당할 수 있는 수준으로 프로젝트 규모
를 줄여라. 역량을 확대할 때까지 새 프로젝트는 유예하
라. 이 유예조치를 더욱 강화하여, 구성원 중 누구도 단체
를 위해서든 자신을 위해서든 일방적으로 새 임무를 떠맡
지 못하게 하라.

4. 연결의 문화를 구축하라

어떻게 하면 단체의 회의 문화를 통해 좋은 삶, 친교, 구
성원 간 연결을 촉진할 수 있을까? 함께 식사하면서 가
장 좋아하는 음식, 식물, 영화 혹은 정치적 순간이 무엇인

지 재밌는 질문을 던져가며 자기소개를 하는 것은 처음에는 실없어 보일 수도 있지만, 중대한 변화를 가져온다. 집단문화에 복지에 관한 관심을 도입하면, 구성원들이 단지 일하거나 사회운동을 하는 기계가 아니라 다양한 맥락을 지닌 인간으로 살아가는 데 도움이 될 수 있다. 단체 내 역학에서 대두하는 어려운 문제를 놓고 실제로 토의할 수 있으려면 사람들 사이에 깊은 관계가 충분히 구축돼 있어야 하며, 그렇지 않으면 이 문제는 더욱 곪기만 할 것이다.

5. 의제 설정 같은 핵심 지도자 임무를 포함하는 회의 진행 역할이 순환보직제로 운영되게 하라

순환보직제는 공정하지 못한 업무 분담과 투명성 문제를 해결하는 데 도움을 줄 수 있다. 모든 구성원의 참여를 극대화하는 방식으로 회의를 진행하는 방법을 모두가 반드시 훈련하게 한다면, 도움이 될 수 있다. 단지 몇 사람이 중요한 대화를 주도하는 위험이 나타날 때는 언제든 자발적인 발언에만 의지하지 말고 모두 돌아가며 발언하게 하라. 상대적으로 말수가 적은 구성원이 입을 연다면, 단체 내 역학을 실질적으로 바꾸는 데 도움이 될 수 있다.

6. 조직 차원에서 과로 문화를 낳는 조건들을 인식하라

이는 한 사람의 잘못이 아니며, 모두가 저마다 다른 형태로 압박감을 느낄 수 있다. 과로, 한 개인의 지배나 구성원의 탈퇴를 유발하는 압박과 역학에 관해 한 차례 혹은 여러 차례 토론을 진행하라. 문제를 식별하고 상황을 개선하기가 보다 수월해지도록, 구성원들이 느끼는 압박을 표현할 공동의 언어를 만들어라.

과로와 번아웃을 겪는 개인에게 필요한 것

번아웃에 관한 단체 차원의 접근법을 확립하는 데 더해, 우리는 자신의 과로와 번아웃 증상을 인지할 때 자기 삶에 대해 행동을 취할 수 있다. 그러려면 자신의 행동을 바꾸기 위해 노력해야 하며, 지나치게 헌신하고 통제하며 과로하고 남과 단절하려는 충동이 어떤 근본 원인에서 비롯됐는지 알아내려는 의지가 있어야 한다. 이것은 치유 작업이며, 우리가 관심을 기울이는 사회운동에 평생 지속적으로 기여하고 활동을 충분히 즐기며 저항 공동체에서 가능한 사랑과 전환을 경험하도록 돕는 게 그 목표다. 무엇보다도 우리는 자신에게 너그러워야 하며, 남을 평가하길 피해야 하고, 사회적 조건 탓에 어쩔 수 없이 내면에 그러한 반응이 나타날 수밖에 없음을 인정해야 하며, 인내심을 갖고 겸손하게 새로운 존재 방식을 실험해야 한다.

일중독이나 과로에 시달리는 이들 혹은 만사를 지배하려는 이들은 다음과 같은 방식을 통해 자신에게 필요한 바를 이해하게 될 수 있다.

- 내게는 일이 어떻게 되어가는지 말할 수 있고, 내가 한 일에 대해 정직한 피드백을 부탁할 수 있고, 내가 새로운 방식으로 일하는 데 두려움을 느낄 때 지지하고 달래줄 수 있는 믿을 만한 친구가 필요하다. 그런 친구라면, 예컨대 프로젝트를 함께 하는 다른 누군가가 다른 방식으로 임무를 수행하더라도, 그들이 그렇게 하도록 놔두어 스스로 기술을 쌓게 하고 나는 그 시간을 내 삶에서 놓치고 있는 뭔가 치유에 도움이 되는 일에 쓰는 것이 더 바람직하다고 나를 일깨울 수 있을 것이다. 그런 친구라면, 내가 어떤 임무나 프로젝트에 대해서는 '아니요'라고 말해도 된다는 것을 상기시켜 도움을 줄 수 있을 것이다. 그런 친구는 내가

가치 있는 존재이며 나의 가치가 단체가 하는 활동이나 내가 얼마나 열심히 일하는지 혹은 다른 이들이 나를 어떻게 생각하는지에 달려 있지 않다고 일깨움으로써 나의 강박적·경쟁적이거나 통제지향적인 행위 아래 숨어 있는 상처를 사랑으로 치유하도록 도울 수 있다.

• 내게는 함께 있는 자리에서 내가 강박적·경쟁적이거나 통제지향적인 행위를 하거나 생각을 말하는 것을 봤을 때 이를 지적할 수 있는, 내게 자양분이 되는 사람들이 필요하다. 그런 피드백을 받기란 쉽지 않겠지만, 그렇기에 이는 진정한 선물이다.

• 친구나 협력자에게서 그들이 우려하는 바에 관해 피드백을 받았을 때 나는 자신을 변호하거나 그들이 메시지를 전한 방식을 비판하려는 충동에 저항해야 한다. 그들이 말하면서 분노를 드러냈다 해도, 이런 피드백은 남들이 나를 지도자라 생각하며 중요하다 여기는 신호일 가능성이 높다. 그들은 나를 영향력 있는 인물이라 보기 때문에 굳이 우려를 표명하는, 어렵고 불편한 일을 하고 있는 것이다. 나는 전달 방식이야 어떻든 이런 피드백이 나와 우리 활동에 대한 일종의 투자이며 사랑의 행위임을 마음에 새길 수

있다. 나는 이런 피드백이 수반하는 힘든 감정을 처리하기 위해 따로 친구를 찾을 수 있다. 자기방어에 나서거나 희생자 서사를 취하지 않는 것은 내가 특권적 위치에 있고/있거나 단체나 프로젝트 안에서 좀 더 지도력을 발휘하는 경우 더더욱 중요하다.

• 만약 함께 일하는 사람들을 모두 미워하거나 내가 곧 죽을 것 같다거나 밤을 새워 일해야 한다고 느낀다면, 이는 아마도 현재의 활동/일터/단체/동료가 아니라 내 삶의 더 오래되었거나 더 깊은 곳에 있는 뭔가와 관련됐을 것이다. 내 가슴이 쿵쾅거린다면, 위협받는다고 느낀다면, 이불 밖으로 나올 수 없다고 느낀다면, 동료에게 말할 수 없다고 느끼거나 곧 폭발할 것 같다면, 아마도 나는 내 인생 역정에 깊이 뿌리 내린 고통을 경험하고 있을 것이다. 이런 과거에 대한 집착에서 빠져나오려면, 내 고통스러운 반응의 뿌리를 밝히고 나 자신이나 남에게 해를 끼치는(과로의 피해를 비롯한) 것과는 무관한 감정에 머무는 방법을 구축하는 데 자원을 쏟아부어야 한다. 나의 가장 격렬한 반응이 전적으로 혹은 원초적으로 현재 내 눈앞에서 벌어지는 활동과 관련된 상황에서 비롯된 것은 아닐 수 있음을 인식하

고, 심층에 무엇이 존재하는지 탐색하기 위해 한숨 돌리는
것이 그 첫걸음이다.

• 세상을 치유하는 데 동참하길 바란다면, 나 자신을 위한
치유의 길 또한 필요하다. 그런 치유의 길로 생각되는 것
은 사람마다 다 다르며, 개인이나 그룹 치료, 12단계 프로
그램('익명의 일중독자Workaholics Anonymous'를 비롯한)[7], 신체를
움직이는 운동, 보디워크bodywork[8], 영적 탐구, 예술 실습,
텃밭 가꾸기, 가족이나 친구와 의미 있는 관계 맺기 등이
포함될 수 있을 것이다. 이 가운데 무엇을 선택하든 가벼
운 방식으로 이에 참여해야 하며, 여기에서도 완벽을 추구
하거나 지도자가 되려 하지 않도록 조심해야 한다. 뭔가를

---

7   '12단계 프로그램'이란 1930년대 이래 미국에서 알코올이나 마약
    등 다양한 중독의 치유를 위해 활동하는 상호부조 단체들을 일컫는
    다. 관련 단체들 가운데 가장 유명한 '익명의 알코올중독자Alcoholics
    Anonymous' 모임이 12단계로 이뤄진 프로그램을 운영했기 때문에 이
    런 이름이 붙었다. 본문에서 언급한 '익명의 일중독자'는 1983년 미
    국에서 결성되었으며 웹사이트는 다음과 같다. https://workaholics-
    anonymous.org/

8   요가처럼 특정한 신체 동작을 통해 심신을 치유하려 하는 대체의학
    요법을 말한다.

성취하는 것이 아니라 만족을 준다는 점에서, 치유의 길을 걷는 일은 어떻게 활동해야 하는지 훈련하는 한 가지 방법이 될 수 있다.

- 현장을 떠나지 말고 일단 머물러 지켜볼 필요가 있다. 단체 내에서 관계가 곤란해지고 자신과 타인에 대해 부정적 감정을 경험하고 있다면, 단체에서 완전히 사라지고픈 유혹이 일 수 있다. 내가 단체 안에서 보다 균형 잡힌 역할을 맡게 되길 바란다면, 또는 단체를 아예 떠나길 바란다면, 점진적이고 의식적으로 정리해야 한다. 내가 가진 관계와 지식, 기술을 전해주어 내가 떠나고 나서도 일을 계속할 이들을 확실히 도와주어야 한다.

갈등

위계구조 안에서 활동하고 살아가다 보면, 갈등을 어떻게 해결해야 하는지 배우지 못한다. 우리 중 대다수는 타인의 의지에 복종하고 우리에게 가해지는 충격에 무감각해지려고 노력하든가, 아니면 제멋대로 행동하기 위해 타인을 지배하려 들고 타인에 가하는 충격에 무감각해짐으로써 갈등을 회피한다. 우리 문화를 통해 우리는 직접적인 피드백을 주는 것은 위험하며, 걱정을 억누르거나 상황을 조작함으로써 원하는 바를 얻을 길을 찾아야 한다고 배운다. 우리는 외부의 평가, 특히 권한을 쥔 이들의 평가에 신경 쓰라고 훈련받아왔다. 때문에 비판적 피드백에 귀를 기울이고 이를 고민하며 그중 유용한 내용에 따라 행동하는 기술은 갖추지 못하는 경우가 많다. 다양한 사회적 지위를 견디기 위해 우리는 언제 그리고 어떻게 감정과 인식을 마비시킬지, 피드백 주기를 피할지, 사라질지, 방어적이거나 공격적으로 행동할지, 갈등 상대에게 타협을 요구하거나 제시할지 등에 관한 특정한 교육 내용을 내면화한다. 그 결과, 우리는 대개 생산적인 방식으로 갈등에 개입할 준비가 되어 있지 않으며, 갈등이 폭발하거나 관계가 소멸할 때까지 회피하는 경향을 보인다.

갈등은 모든 집단과 관계에 일상적으로 있을 수밖에 없다. 그러나 우리 중 다수는 여전히 갈등이 발생하면 이는 뭔가 잘못됐다는 뜻이라 여기며, 따라서 누군가 비난할 상대를 찾아야 한다고 생각하는 것 같다. 다른 이들과 함께 깊은 관심을 기울이는 활동을 수행하는 경우에 우리는 그 활동에서 자신의 몫이 매우 크다고 느끼기 때문에 갈등을 경험하게 마련이며, 갈등은 우리 삶의 이전 시기에 겪었던 상처와 반응을 끄집어낼 가능성이 높다. 이는 우리가 지배 문화의 권력 역학과 억압적 시나리오로 돌아갈 수 있음을 의미한다.

갈등이 출현했다고 해서 누군가 나쁘다거나 비난받아야 하는 것은 아니다. 갈등을 일상적인 것으로 여길수록 우리가 번아웃되어 단체나 운동을 떠나거나 타인에게 해를 끼칠 가능성보다는 갈등을 풀어내 더 강해질 가능성이 높아진다. 사회운동에서 갈등이 그토록 고조되는 이유 중 몇 가지는 다음과 같다.

- 우리가 가장 격한 감정을 갖는 대상은 가장 가까운 이들이다. 우리는 지방자치단체장이나 관계가 소원한 다른 누군가를 생각하면서보다는 친구나 협력자와 빚는 갈등에서 스트레스를 받아 밤을 새우는 경우가 더 많다.
- 소속감과 연결을 향한 높은 기대와 열망을 품고 운동에 가담했을 경우, 실망할 가능성도 그만큼 높다.

- 때로 우리는 소외감을 느끼곤 하는데, 쉽게 무의식적으로 우리가 다르다거나 무시당한다거나 배제되고 있다는 증거를 찾아 금세 이 익숙한 감정에 빠져든다.
- 우리가 중시하는 가치나 정체성을 공유하는 이들을 만날 수 있는 단체에 가입하여 고립에서 벗어날 공간을 발견하는 등의 좋은 경험조차도 사회적 조건에 구속받는 우리의 생각과 감정을 끄집어낼 수 있다. 우리는 자신이 이 집단에 어울리지 않는다거나 다 사기라고 느낄 수 있다. 심지어는 다른 이들이 우리를 두고 어떤 생각을 하는지에 관해 무의식적으로 이야기를 꾸며낼 수도 있다.
- 상호부조 활동의 본령은 필요가 충족되지 못하는 긴장된 상황에 대처하는 것이며, 따라서 감정을 격앙시키고 반응성 행동을 촉발할 수 있는 스트레스와 압력을 수반한다.

갈등과 격한 감정이 불가피한 상황에서 만약 우리가 관심을 쏟는 이들과 함께 사랑하는 뭔가에 관해 활동하고 있다면, 서로에게나 단체에 해를 덜 끼치기 위해 우리는 무엇을 할 수 있는가? 어떻게 하면 치밀어 오르는 격한 감정을 진정시키고, 서로에게 우리 자아의 가장 나쁜 측면을 드러내지 않은 채 갈등을 이겨낼 수 있을까?

다음은 갈등이 닥쳤을 때 <u>스스로</u> 상황을 정리하고 관점을 정립하며 우리의 원칙에 바탕을 두고 행동하기 위한 세 가지 방법이다.

첫째, 내면에서 무슨 일이 벌어지고 있는지 느끼기 위해 잠시 휴식 시간을 갖는다. 이러한 탐색에는 친구와 이야기를 나누거나 상황을 글로 쓰는 것도 포함될 수 있다

모종의 위협을 인식하는 경우 대개 우리는 자동조종장치에 의존한다. 이 자동조종장치는 다른 인물에 관한 강박적인 비판적 사고, 자기혐오적인 생각, 종적 감추기, 싸움 걸기, 일 속에서 허우적대기, 술에 취하기, 밤새 자지 않고 집착하며 끙끙대기 등의 형태를 취할 수 있다. 이 가운데 무엇으로 나타나든, 이는 어떤 종류의 감정이 북받쳐 오르는지 우리 자신에게 묻는 데 도움을 줄 수 있다. 사려 깊게 자신의 내면에 주목한다면, 우리의 의도, 목적 혹은 가치와 부합하지 않을 수 있고 우리의 관계에 해를 끼칠 수도 있는 자동조종장치식 반응을 중단하는 데 도움이 될 수 있다.

둘째, 이런 식으로 느끼도록 만든 이는 아무도 없지만 어쨌든 우리는 격한 감정을 갖고 있으며 이런 감정은 세심하게 살필 만하다는 점을 기억하라

상처를 받거나 실망했을 때 다른 사람이 고통의 원인이라고 단정하는 것이 편할 수도 있다. 분명히 다른 이가 행동하거나 행동하지 않음이 우리 내부의 감정을 자극하지만, 어떤 감정이 자극받는지, 이 감정이 얼마나 강한지는 우리 자신 그리고 우리 삶의 역정과 주로 관련이 있다. 뭔가가 우리를 진짜 격노하게 만든다면, 이는 대개 오래된 상처나 아픈 곳을 건드렸기 때문이다.

셋째, 자신의 아픈 곳에 관심을 가져라

우리 모두에게는 아픈 구석이 있다. 즉 삶이 동반하는 불안전함이나 어린 시절에 학교에서 혹은 집안에서 가족에게 대우받은 방식에서 비롯되어 우리를 괴롭히는 것들이 있다. 다른 이들은 우리의 아픈 곳을 알지 못하며(때로는 우리 자신도 알지 못한다) 그래서 자신의 행동이 우리의 감정에 충격을 가했다는 사실에 놀라는 경우가 많다. 우리는 자신의 아픈 곳이 어디인지 관심을 가지고 살필 수 있

으며, 어린 시절의 경험, 미세한 상처와 사회 시스템 차원의 해악이 점차 누적돼 끼친 영향과 또 다른 원인 등의 근원을 찾을 수 있다. 누군가가 아픈 곳을 스치면, 우리는 격하게 반응할 수 있다. 때로 이는 아픈 곳을 건드린 이들을 향한 외적 행동으로 나타나지만, 때로는 스스로를 해치기도 한다. 요령은 우리가 아픔의 볼모가 아니라 아픔이 우리에게 속해 있음을 깨닫는 것이며, 우리가 그 감정을 경험할 수 있고 주의를 기울일 수 있으며 감정이 행동을 조종하게 놔두기보다는 어떻게 앞으로 나아갈지 결단할 수도 있음을 깨닫는 것이다.

예를 들어 내가 속한 상호부조 단체에서 어떤 일을 완수하지 못한 사람이 내 감정에 상처를 줬다고 상상해보라. 내가 만약 단체 내의 다른 이들이 이 실수한 동료를 불성실한 인간으로 보도록 뒤에서 험담하고 그리하여 이 사람을 단체에서 추방하게 만든다면, 혹은 더는 함께 일하길 거부한다면, 우리는 많은 것을 잃을 수 있다. 그러나 그런 동료의 행동이 내 아픈 곳을 때림을 알아차린다면 나는 감정이 치밀어 오르는 것을 지켜보면서 이것이 실제 일어나는 일에 비해 과하며 따라서 내 감정이 실수한 동

료의 잘못에서 비롯된 게 아님을 깨달을 수 있다. 나는 험
담을 하지 않을 수 있으며, 모두의 행복을 위해 내 걱정을
해소할 적절한 행동을 찾아낼 수 있다.

과연 무엇이 진실인가?

우리가 어떤 의견, 이야기 혹은 평가에 사로잡혀 있을
때는 많은 경우 이렇게 묻는 게 도움이 될 수 있다. "과연
무엇이 진실인가?" 예를 들면, 갈등이 대두하고 우리가 격
한 감정에 사로잡힐 때 우리는 다음같이 물을 수 있다.

- 이 사람/단체/공간과 관련해 도대체 무엇이 진실인가? 이
  들이 지닌 긍정적 자질로 뭐든 생각나는 게 있는가? 이들
  의 행위 덕분에 얻은 이익으로 뭐든 생각나는 게 있는가?
  이들이 내가 싫어하는 일을 했다는 사실 외에, 더 큰 그림
  을 보여주거나 선의를 드러내는 경험 또는 이들을 향한 복
  수심을 상쇄해줄 다른 경험이 혹시 있는가?
- 이 상황이나 행위에 영향을 끼치는 사안 가운데에 내가 알
  아차리지 못하는 것이 혹시 있는가?

- 내 삶에 과연 이 상황과 균형을 맞출 만한 다른 요소가 있는가? 내 삶에는 과연 무엇이 있는가? 내 시간의 몇 퍼센트가 이 공간이나 사람에게 할애됐는가? 나는 도대체 무엇을 하며 무엇을 가졌는가? 이 단체가 실제로는 내 일주일의 5퍼센트만 차지하는데도 이 상황이 내 마음속 공간의 80%를 점한다고 느끼는가? 이 사람이 나를 어떻게 생각하는지 두렵다면, 나를 존경하고 내게 관심을 기울이며 존중한다고 생각되는 다른 이들에 대해 내가 어떤 생각을 품는 일도 불가능하지 않겠는가?

- 나는 이 상황이나 사람에게 책임이 있는가? 이것은 내가 통제할 수 있는 사안인가? 그렇지 않다면, 얼마간 마음의 평화를 얻기 위해 이 상황을 비단 5퍼센트나 10퍼센트라도 흘려보내는 상상을 할 수 있는가?

- 내 삶의 역정·경험과 관련 있을지 모르는 것이 어떤 식으로든 내 행동의 특별한 원인이 되고 있는가? 어떤 식으로든 나 자신에 주목하고 이런 상처를 돌보고 있는가?

- 이 사람을 향한 격한 감정을 통해 나는 어떤 식으로든 과거의 익숙한 역할로 빠져들고 있는가? 나는 내면에서 단체 구성원들을 내 원가족이나 인격 형성에 영향을 준 집단과

관련된 인물로 치환하지는 않았는가?

가십과 소셜미디어를 활용하기 전에 직접적 소통을 활용하라

상처를 받으면 그 상처를 내보이고픈 충동이 가장 먼저 일어날 때가 있다. 다름 아니라 부정적인 가십이나 소셜미디어 플랫폼을 통해서 말이다. 부정적 가십과 비난성 게시글은 가십을 퍼뜨리는 사람, 험담 대상, 단체 그리고 운동에 상처를 줄 수 있다. 이는 갈등을 더욱 격화시키곤 한다. 그렇다고 해서 서로 비빌 언덕이 되어줄 수 있도록 곤란한 경험을 함께 나눠선 안 된다는 이야기는 아니다. 우리는 느끼는 바를 분명히 하고 우리의 경험에 관해 긍정적 반응을 얻으며 가능한 대책을 논의하고 동의를 이끌어내기 위해 친구와의 대화를 필요로 한다. 그럼 우리가 누군가에게 해가 될 수 있는 부정적 가십에 얽혀 있을 경우에는 어떻게 말을 꺼낼 수 있을까? 여기에 스스로 물을 수 있는 몇 가지 질문이 있다.

• 나는 누구에게 말하고 있는가?

만약 당신이 속한 상호부조 단체에서 누군가에 대해 격한
감정을 갖고 있는데 이들의 등 뒤에서 이들에 관해 단체의
다른 이들과 부정적인 대화를 나눈다면, 일부 구성원의 마
음이 멀어지게 만드는 문화를 낳고 집단 역학을 해칠 가능
성이 높다. 심리상담사나 단체에 속하지 않은 친구에게 말
한다면, 덜 해롭다. 반면 소셜미디어에 이야기를 올린다면,
관련된 모든 사람에게 의도하지는 않았겠지만 아주 해로운
영향을 주게 될 것이다.

• 나는 험담을 퍼뜨리려 하고 있지 않은가?

내가 말을 꺼내는 동기는 무엇인가? 지지를 얻고 내 경험을
처리하려는 것인가, 아니면 다른 이들이 이 사람에 관해 나
쁘게 생각하게 만들려는 것인가?

• 나는 조롱하고 비웃거나 매정하게 대하고 있지 않은가?

당신이 퍼뜨리는 내용이 동정심에서 비롯된 것도 아니고 건
설적 피드백도 아니며 얼굴을 맞대고 할 이야기도 아니라
면, 이는 악의적 가십일 수 있다. 운동과 사회적 모임 안에
서 사람들의 인격을 침해하면서도 부당하다고 느끼지 않을
때마다 멈추고 이렇게 자문하는 게 좋다. '과연 무엇이 진실
인가?' 우리는 우리의 주목을 요하는 깊은 상처에 반응하는

것일 수 있으며, 이를 통해 더 큰 상처를 만들고 있는지 모른다.

• 나는 누군가의 잘못에 집착하고 있지 않은가?

이 사람의 행동거지나 자질에 관해 말하려는 선택이 지금 당장 내 선택과 감정을 분명히 하는 데 도움을 줄 것인가, 아니면 이 사람에 관해 너무 많이 생각하는 습관을 들이며 과도한 비판을 부추기고 있는가?

직접적인 피드백을 주기란 쉽지 않다. "회의에서 당신이 맡겠다고 한 임무를 완수하지 못하면, 내가 곤란하다"라거나 "내게 그 팀에 합류해달라고 하지 않는 이유가 궁금하다"라고 말하는 것보다는 다른 이들에게 부정적인 감정과 악의적 행위를 투사하고 가십을 퍼뜨리는 것이 더 쉽다. 이는 불쾌하게 하고 관계를 해칠 가능성이 높다. 단체 안에서 혹은 현장에서 많은 이들이 이런 행동을 하면, 광범한 불신, 불안, 배신 상황을 초래할 수 있으며, 특정 가치를 너무 높거나 낮게 평가하는 위계구조를 강화하여 단체가 치안 당국의 분열 책동에 더욱 취약해지고 불안정해지도록 만들 수 있다.

우리는 한 번 쓰고 버리는 데 익숙한 사회에 살고 있다. 기분이 나빠지면 종종 별 고민 없이 우리 아니면 다른 이들이 나쁘다고 판정한다. 두 선택지 모두 진실을 왜곡하고 해를 끼치는데, 진실을 말하자면 우리 모두 최선을 다해 어려운 상황을 헤쳐나가고 있으며 우리 모두 배울 점도 많고 버려야 할 점도 많다. 단체 안에서 다른 방식으로 함께 살아가길 바란다면, 사람들을 내치려는 열망을 낳는 감정과 행위를 가까이 들여다봐야 한다. 한 번 쓰고 버리는 문화의 해독제는 겸손, 자신과 타인에 대한 자애다. 우리가 어떤 경우에 타인에게 자신을 투사하며 어떤 경우에 타인에게 격하게 반응하는지 살펴보면, 갈등에 봉착했을 때 선택지가 더 많아질 수 있다. 우리 한 사람 한 사람은 우리의 가장 그릇된 행동과 가장 가혹한 평가보다 더 복잡하고 아름답다. 자애와 책임감을 다지려면, 갈등을 빚는 자신의 행동과 반응을 샅샅이 조사해야 하며, 격한 감정의 한복판에서도 서로를 배려하는 방법을 찾아나가야 한다.

즐겁게 활동하기

우리 중 대다수가 일과 맺는 관계를 왜곡해왔고 상호부조 단체에서 하는 활동도 예외가 아니라는 점은 놀랍지도 않다. 우리가 살아가는 체제와 조건 탓에 일은 강압적인 것이 되며, 누가 어떤 종류의 일을 하고 보상과 인정은 어떤 형태를 띠는지를 놓고 심각한 불균형이 생기고, 일에 관한 한 우리에게 선택권이 있다고 느끼기 힘들게 된다. 우리가 직면한 상황이 이렇듯 혹독하기에 세계를 변혁하기 위해 일하기란 참으로 힘들다. 다른 방식으로 일하도록 배우는 것이 운동 그리고 우리 자신의 좋은 삶과 생존에 관건임을 잘 알고 있다 해도, 우리는 활동과 맺는 관계가 고통스럽다고 해서 자신을 비난할 수 없다. 우리는 함께 일하는 방식을 바꾸는 훈련을 거듭하면서 자신과 서로에게 자애로 다가가야 한다.

우리는 세상을 뒤덮은 고통 그리고 위험한 조건 속에서 변화를 위해 일한다는 힘든 도전과 관련해 어려움을 함께 나누기 위해 서로가 간절히 필요하다. 현재 상황에 대해 각성하면서 마주하게 되는 고통에도 불구하고 변화를 위한 우리의 모든 활동은 다른 이들과 연결되고 동행하며 때로 서로 영감을 주고받는다는 위안과 기쁨에 뿌리를 내릴 수 있다. 연결, 영감, 기쁨의 견지에서 실천하려면, 활동을 향한 자신의 지향을 깊이 성찰하는 것(단체에 참여하며 어떻게 느끼는지, 지도력과 생산성에 관해 어떤 생각을 갖는지)이 참으로 중요하다. 즉 활동과 새로운 관계를 맺는 실천을 할 방법을 의식적으로 만들어내고, 야만적이고 강압적인 위계구조 안에서 살고 일하며 받은 우리의 상처 밑바닥에 자리 잡은 심리적 구조로 깊이 들어가야 한다. 다음 표는 개인과 단체가 해로운 문화와 활동 관행을 바꾸기 위해 노력하는 데 쓸모 있는 성찰 수단이 될 수 있다.

표9 '익명의 일중독자' 프로그램의 '즐겁게 활동하기'

억지로 활동하기	즐겁게 활동하기
매우 긴 시간 일한다	한계를 정한다
불가능한 기준	합리적인 목표
만족할 줄 모르며, 끝낼 줄 모른다	하루치 일에 만족한다
빡빡한 일정	뜻밖의 상황에 대비해 여유를 둔다
더 많은 일을 추가한다	원래 일을 덜지 않고는 새로운 일을 더하지 않는다
소요 시간을 어림잡을 수 없다	현실적인 시간 할당

멈추지 않고 일한다	속도와 초점의 변화, 새로운 생각을 위해 잠시 쉬어간다
지키지 않을 마감일	정확한 시간 조율
상황에 떠밀리고 조바심을 낸다	물 흐르듯 자연스럽다
마음이 급하다	시간에 대해 느긋하다
작업을 완수해야 한다	업무를 미룰 수 있다
중요성을 긴급함과 혼동한다	우선순위를 매길 수 있다
압력에 반응한다	내부 지침을 따른다
정신이 산만하다	집중한다
비효율적	효과적
실수한다. 잘못된 곳에 두고, 떨어뜨리고, 흘린다	한 번에 척척 해낸다
경직되었다	유연하다
새로운 생각을 견딜 수 없어 한다	사고가 개방적이다
초조하다	차분하다
완벽주의적	실수를 비난하지 않고 이를 통해 배운다
긴장돼 있다	여유롭다
유머를 잃었다	유머를 잃지 않는다
창의성을 잃었다	혁신적 해결이 이어진다
지나치게 진지하고 격양돼 있다	유쾌해질 수 있다
즐기지 못한다	일이 즐겁다고 느낀다
동료에게 퉁명스럽다	남에게 반응을 잘 한다
자발성을 잃었다	기회에 열려 있다
감정을 느끼지 못한다	분위기를 의식한다
한 번에 여러 일을 한다	한 번에 한 가지 일을 한다
서로 엇나가는 육체와 정신	생각과 행동의 통일
서두른다	여유 있다
모호한 인식	생생한 인상
둔감하며 기계적이다	늘 깨어 있다

양을 지향한다	질을 지향한다
남에게 거의 위임하지 않는다	동료를 신뢰한다
시계와 경쟁한다	시간을 존중하며 보조를 맞춘다
기진맥진	행복한 피로감
안간힘을 쓴다	편안한 느낌
희생자가 된 느낌	완전해진 느낌
건강을 무시한다	자신에게 자양분을 공급한다
몸이 보내는 신호를 듣지 못한다	언제 쉬어야 할지 안다
삶의 다른 부분을 무시한다	균형 잡힌 삶
걱정이 많고 과도하게 계획을 세운다	지금 이 순간을 산다

완벽주의

완벽주의는 상호부조 단체와 우리 자신의 마음속에 암약하는 해로운 힘이다. '나는 완벽주의자가 아니야, 내가 하는 일은 다 별로 완벽하지 않아!'라고 우리는 자신에게 말한다. 그렇다. 세상에 완벽한 것은 없다. 우리는 '완벽한' 육체, 성 정체성, 가족, 소비재, 주택, 일자리를 가져야 한다고 말하는 매우 물질주의적인 문화에서 살고 있다. 우리 중에 이런 규범이 헛소리임을 아는 이들조차 이런 규범이 만들어낼 수 있는 완벽주의적 사고와 행위의 패턴과 여전히 씨름한다. 개인적 삶에서 이는 우리를 불안에 빠뜨리고 자신에 대한 고통스러운 오인을 부추긴다.

완벽주의 탓에 상호부조 단체가 배타적이게 되고 갈등이 생기며 과로와 번아웃의 역학이 자라나 조직을 위축시킬 수 있다. 때로 완벽주의는 행여 정치적으로 잘못된 발언이라도 하여 비판받지 않을까 하는 두려움으로 나타나며, 이 때문에 사람들은 의견을 나누지 않게 된다. 혹은 자신의 발언을 놓고 누가 질문하기라도 하면 거세게 방어 태세를 취하며, 자신들처럼 현학적 언어를 구사하지 않거나 자신들이 이미 알고 있는 것을 아직 배우는 단계에 있는 사람이면 누구든 곧바로 공격하거나 배제한다. 이런 경향은 파벌주의를 낳을 수 있으며, 우리 단체와 운동이 성장하기 어렵게 만든다. 또한 완벽주의는 단체의 활동이 과도하게 통제되도록 할 수 있으며, 이 경우에 일이 위임되지 않고 단체를 통제하는 소수가 만사를 전담하게 될 수 있다. 그러면 단체를 처음 시작한 이들이 나중에 합류하거나 일을 다른 방식으로 하는 이들을 가르치며 잘난 체하려 들 수 있다.

우리 자신이나 단체 문화에서 유연하지 못한 점을 발견

할 때마다 이는 사회적 조건의 지배에서 치유되고 새로운 존재 방식을 구축할 기회가 된다. 다음 표와 성찰의 물음들은 개인이나 단체가 완벽주의에서 벗어나기 시작하는 데 사용할 만한 수단이다. 익숙하게 느껴지는 것이면 무엇이든 점검하고 넘어가라.

표10 완벽주의 점검표

요구 수준을 훨씬 더 높인다

- □ 잘하는 것만으로는 부족하다. 나는 훨씬 더 잘해야 한다.
- □ 노력하지 않는다면, 나는 게으르고 쓸모없는 인간이다.
- □ 다른 사람이나 단체가 더 많이 생산하거나 더 멀리 나아가거나 더 많은 찬사를 받고 있다.

실패를 두려워한다

- □ 나는 완벽하게 해내야 한다.
- □ 나는 실패해선 안 된다.
- □ 다른 사람들이 나를 형편없다고 여겨선 안 된다.
- □ 노력해도 나는 실패할 뿐이다.
- □ 내가 적극적으로 나선다면 남들이 좋지 않게 볼 테니, 나는 입 다문 채 가만히 있어야 한다.

'모 아니면 도'식으로 사고한다

- □ 이 단체 안에서 내가 갈등에 빠진다면, 모든 게 끝이고 난 그만둬야 한다.
- □ 내 활동은 결코 만족스럽지 않다.
- □ 이 활동을 하는 데 옳은 방법이 있고 잘못된 방법이 있다.
- □ 누군가 나를 비판한다면, 나는 이 단체에서 떠나야만 한다.

해야만 한다, 하지 않을 수 없다

☐ 나는 어떤 실수도 저질러선 안 되며, 만약 실수를 저지른다면 다른 이들이 내 실체를 깨닫게 될 것이다.

☐ 나는 이 주제에 관해 모조리 이미 알고 있어야 한다.

☐ 나는 이 일을 남들과 같게, 혹은 남들보다 더 잘할 수 있는 능력을 이미 갖추고 있어야 한다.

☐ 조금만 실수를 저질러도 내가 사기꾼임이 폭로될 것이다.

끝없는 확인

☐ 내가 한 일은 무엇이든 확인하고 또 확인해야 하며, 그래야 다른 누군가에게 보여줄 수 있다.

☐ 다들 나를 좋아하고, 내가 괜찮아 보이며, 말한 것 중 틀린 게 하나도 없는지 등을 다른 이들과 함께 계속 확인해야만 한다.

☐ 내 소셜미디어의 '좋아요', 내 외모, 내 은행 계좌, 내 이메일을 끊임없이 확인한다.

자기통제

☐ 늘 일을 해야 하며, 그렇지 않으면 나는 게으름뱅이가 될 것이다.

☐ 환대나 휴식을 누릴 자격을 갖추려면 나는 극도로 열심히 일해야 한다.

구조화, 통제

☐ 나는 무슨 일이 벌어질지 알아야 한다.

☐ 나는 있을 수 있는 결과에 대해 준비되어 있어야 한다.

☐ 만약 일이 잘못되고 있다면, 나는 누구든 다른 이가 임무를 맡게 놔둘 수 없다.

미적댄다

☐ 나는 일을 그르칠까 두려워 시작을 하지 못한다.

☐ 나는 실패, 폭로, 체면 손상이 두려워 내 일을 회피하려는 생각과 크나큰 공포에 빠진다.

☐ 나는 억누르고 있는 엄청난 수치심 혹은 슬픔 탓에 무기력하다.

성찰의 물음들

1. 내 삶의 어느 부분에서 완벽주의가 나타나는가? 학업인가, 직장인가, 가족과의 관계인가? 나는 내 몸, 사회운동, 소셜미디어 교류, 집안일에 관해 어떻게 생각하는가? 완벽주의 탓에 무엇을 희생하고 있는가?

2. 나는 어떤 방식으로 완벽주의적 기준을 타인에게 적용하는가? 나는 언제 타인의 학습 과정이나 차이에 편협한 태도를 보이는가? 나는 어디에서 이런 편협함을 배웠는가? 그 동기가 되는 정서는 무엇인가? 이런 불관용은 내 인간관계, 내 활동 그리고 이 세상에서 내가 추구하는 목표와 원칙에 어떤 희생을 낳는가?

3. 우리 단체의 문화가 완벽주의적 행위가 등장할 수 있게 하거나 이를 만들어내는가? 그렇다면, 어떻게 이뤄지는가? 이는 우리 단체의 활동, 서로가 맺는 관계, 도움 요청이나 자원활동을 위해 우리 프로젝트에 찾아오는 이들과 맺는 관계에 어떤 영향을 끼치는가? 어떻게 해야 우리 단체의 문화에서 유연성, 돌봄, 자애, 신뢰가 강화될 수 있겠는가?

정신건강 지도 그리기

상호부조 활동을 하다 보면, 긴급한 필요를 충족하고 새 기술을 배우며 단체 안에서 함께 일하고 새로운 책임을 맡아야 하기 때문에 스트레스나 압박감을 어느 정도 느끼는 경우가 많다. 그러한 요소는 활동을 의미 있고 만족스러우며 유쾌하게 만들기도 한다. 그러나 압박감과 스트레스는 정서적 대처의 반복과 자동조종장치식 반응 및 행위를 유발할 수 있다. 이런 패턴을 알아차리고 대응할 계획을 수립하는 법을 배운다면, 중대한 순간에 선택을 내리거나 지지를 얻는 데 도움이 될 수 있으며 이를 통해 우리의 행동이 우리와 우리를 둘러싼 사람들에게 최대한 이로운 것이 될 수 있다.

자기 안에서 반복되는 이 패턴에 관해 배우는 한 가지 기법은 '정신건강 지도mad map'를 활용하는 것이다. 정신건강 지도란 자기 참고용 안내서로서, 일이 옆길로 새거나 자신이 어려운 처지에 빠졌다고 느낄 때 활용할 수 있다. 정신건강 지도는 스트레스나 갈등의 잠재적 위험이라는 거친 물살을 헤쳐나가도록 돕는다는 점에서 미래의 나를 위한 선물과도 같다고 하겠다. 이는 상황이 진짜 곤란해질 때 떠오르는 거친 생각, 감정, 행위 속에서 길을 안내해주며, 이런 시기에 도움이 되는 것은 무엇이고 해가 되는 것은 무엇인지 일깨워준다. 정신건강 지도에는 자신이 원하는 어떤 내용이든 포함될 수 있다. 그림을 넣을 수도 있고, 노래, 신체 운동, 이미지 등 가장 좋아하는 것은 무엇이든 담을 수 있다.

다음은 단지 초보자용 아이디어이며, 무엇이 내용에 포함될 수 있는지 보여주는 예시이다. 어떤 이들은 자신의 정신건강 지도를 친구, 연인과 공유하기도 한다. 위기나 어려움에 처했을 때 다른 이들이 어떤 방식으로 도울 수 있을지, 고군분투하고 있을 때 다른 이들이 말하거나 해주기를 바라는 것과 그러지 말길 바라는 것 등을 다루는 단락을 포함할 수도 있다. (나는 이카로스 프로젝트Icarus Project[9]에서 정신건강 지도 그리기를 배웠으며, 여러분은 이 책 말미의

---

9 2000년대에 미국에서 전개된 반정신의학 운동. 정신질환을 개인의 정신 상태가 아니라 사회 정의의 문제로 바라보고, 사회적 지원과 집단적 해방 추구를 통해 치유하려 했다. '이카로스'는 인공 날개를 달

참고자료 목록에서 보다 많은 정보를 확인할 수 있다.)

압박감에 따른 어려움의 징후

이 단락을 작성하면서 생각한 몇 가지 영역은 다음과 같다.

- 과도하게 자기비판적으로 사고한다(단체에 대한 기여도, 외모, 성격, 지성 등에 관한).
- 다른 이들에 관해 과도하게 비판적으로 사고한다.
- 단체 안에서 불안하다고 느끼거나, 사람들이 당신을 괴롭히려 하고 당신을 좋아하지 않으며 당신에 관해 수군대며 배제한다고 느낀다.
- 자잘한 것에 집착한다.
- 이미 과도한 부담을 지고 있음을 알면서도 지나치게 많은 임무를 떠맡는다.

고 태양을 향해 날아가다 날개를 이어 붙인 밀랍이 녹아 추락한 그리스 신화 속 인물에서 따온 이름인데, 정신질환의 위험을 '해에 너무 가까이 다가간 탓에 생긴 재앙'에 비유한 것이다.

- 단체 안에서 벌어지는 일을 통제하고 싶어 하며, 다른 이들이 다른 방식으로 일하도록 놔두려 하지 않는다.
- 임무를 회피하고 속임수를 쓰며 모호한 태도를 취한다.
- 무엇이든 강박적으로 확인한다(소셜미디어, 이메일, 거울에 비친 모습, 당신의 활동, 타인의 활동, 당신의 건강, 당신의 돈).
- 무엇이든 과도하게 한다(집 청소, 유급 직무, 사회운동 활동, 예술 프로젝트).
- 주변의 물리적 공간을 지저분하게 방치한다.
- 식사를 하지 않거나, 아니면 즐겁지 않은 방식으로 먹는다.
- 이로운 약이나 건강보조식품을 정기적으로 복용하지 않는다.
- 알코올, 마약, 쇼핑, 비디오게임, TV, 소셜미디어에 중독된다.
- 당신이 사랑하는 이들을 피한다.
- 당신에게 의미 있는 활동을 피한다.
- 당신의 생존을 위해 필요한 활동을 피한다.
- 계산서, 서류 작업, 그 밖의 지원 업무에서 필수적인 사항에 신경 쓰지 않는다.
- 섹스나 낭만적 황홀경을 통해 도피한다.
- 잠이 부족하거나, 너무 많이 잔다.
- 과도하게 운동하거나, 지금 육체와 정신에 필요한 만큼 움

직이지 않는다.

• 이 밖에도 강박적 행위를 경험한다면, 이는 당신이 불안정
한 상태에 있음을 말해준다.

보다 건강한 삶을 위한 지침

이 단락에서는, 충족되지 않으면 수치심이나 불만족만
초래할 유토피아적 지침이 아니라 현실적인 기대치를 정
리해보자. 지침의 내용을 늘리는 것은 언제든 가능하며,
나중에 얼마든 조정할 수 있다. 이 과정에서 등장할 수 있
는 가혹한 '해야 한다'식 메시지를 조심해야 하는데, 우리
중 다수는 식사, 활동, 운동, 돈, 섹스 등의 영역에서 이런
메시지를 접한다. 완벽주의를 피하고 현실적이고 온화한
태도로 더 나은 균형을 향해 나아가는 데 집중해야 함을
유념하라.

이 단락에는 다음 같은 내용이 포함될 수 있다.

• 하루 중 이메일, 소셜미디어, 뉴스 등을 확인하는 횟수를
제한한다.

- 하루 중 특정한 현실도피 행위나 중독성 행위에 쓰는 시간 총량을 제한한다.

- 얼마나 빈번히 그리고 어떤 방식으로 몸을 움직일지, 원하는 목표를 잡고 실행한다.

- 영양가 있는 식사를 하도록 목표를 잡고 실행한다.

- 명상, 영성 수행 혹은 지금 당장은 하기 힘들지라도 나중에 도움이 될 다른 어떤 활동이든 목표를 잡고 실행한다.

- 피하거나 삭제하고자 하는 미디어 혹은 앱의 유형을 정한다.

- 소셜미디어에 쓰는 시간 총량을 제한한다(예를 들어 기상 시에나 취침 직전에는 하지 않는다).

- 야외활동 또는 자연과 교감하는 활동 목표를 잡고 실행한다.

- 당신이 인연을 맺고 싶은 이들이 누구이고, 이들과 얼마나 자주 어떤 방식으로 볼지 정한다.

- 당신이 만남을 제한하고자 하는 이들이 누구이고, 얼마나 제한할지 정한다.

- 수면 시간이나 그 밖의 휴식 계획을 짠다.

- 일하는 시간의 한계를 정하고, 휴가 또는 활동시간 제한 조치를 취하라. 사회운동에 무급으로 참여하는 활동이나 예술 작업이라 할지라도, 당신이 이를 위해 과로하고 있다

면 역시 활동시간을 제한하라.

• 중요한 서류 작업이나 지원 업무를 처리할 시간 계획을 세운다.

• 물리적 공간을 정돈하고 위생을 유지하는 기본 활동을 수행한다.

도움을 주는 가외 활동

앞 단락은 당신이 헌신해야 할 기본 목표들의 목록이다. 반면 이 단락에서는 당신이 열렬히 하고 싶어 하는 것, 당신을 기분 좋게 만들어줄 것, 당신의 상태를 개선할 멋진 추가 사항들이 포함될 수 있다.

• 재미있고 기분이 좋아지는 동작이나 운동

• 새로운 요리에 도전

• 텃밭 가꾸기

• 창작하거나 감상하고 싶은 문학, 음악, 미술

• 시도하거나 다시 하고 싶은 영성 수행

• 사랑하는 이와 접촉하는 새로운 방식

• 기분이나 목적의식, 사람들과의 연결, 자존감을 고양할 새

로운 행동

- 공간을 아름답게 꾸미는 방법

- 타인을 너그럽게 대하는 방법

- 수면을 개선하고 고통을 줄이며 고립을 깨고 일상을 더욱 짜임새 있게 만들며 단조로운 일상을 깨기 위해 시도하고자 하는 것들

도움 되지 않거나 진실이 아닌 생각

압박감을 느끼는 경우에는 고통스럽거나 곤란한 생각이 많아진다. 또 다른 곤란한 상황에서는 우리를 자신과 타인에게서 단절시키는 해로운 행위를 조장하는 익숙한 생각이 쉽게 떠오르곤 한다. 이런 생각과 행위를 주시하면, 이를 중단시키고 아예 줄일 수 있을지 살필 기회를 잡을 수 있다.

- 희소성에 강박된 사고(음식, 돈, 일, 자존감, 섹스, 건강 등 무엇에 관해서든)

  - 나는 잘 해내지 못하고 있다.

- 내가 모든 것을 다 하고 있으며, 아무도 도와주지 않는다.

- 나는 필요한 걸 얻지 못할 것이다.

- 다른 이들이 다 가져가기 전에 내 것을 챙겨야 했다.

- 이 단체에는 인원이 충분하지 않다.

- 시간이 부족하다.

• 절망적인 생각

- 노력해봐야 소용없다.

- 나는 모든 것을 다 잃었다.

- 나는 모조리 다 망쳤다.

- 그 많은 일 가운데 나나 우리를 위한 것은 없다.

• 자기혐오에 빠진 생각

- 나는 사기꾼이다.

- 나는 매력이 없다.

- 나는 최악이다.

- 나는 도움받을/돌봄받을/지원받을/사랑받을/존경받을/
  생존할 자격이 없다.

- 나는 나쁜 인간이다.

• 우월의식에 빠진 생각

- 나 말고는 아무도 제대로 해낼 수 없다.

- 나 말고는 아무도 진실을 볼 수 없다.

- 다른 이들은 다 일을 잘못 처리하고 있다.

- 내 행위에 관한 비판이나 피드백은 뭐든 잘못됐다/타당하지 않다.

기억하면 도움이 되는 진실

이 단락에서는 당신의 가장 중심에 있는 자기, 내면에 있는 어른, 내면에 있는 다정한 부모, 가장 고귀한 영적 자기, 혹은 당신이 생각하기에 뭐가 됐든 자애로운 시각을 열어줄 수 있는 당신의 한 부분에 호소할 것이다. 앞의 '도움 되지 않는 생각' 목록을 쭉 검토한 뒤에, 진실이 아닌 생각의 힘을 흩트리기 위해 각각의 사고 영역에서 경청하거나 기억해야 할 생각의 일부는 무엇인지 살펴보라. 다음의 사례들은 목록을 만드는 데 도움이 될 수 있을 것이다.

• 이 단체에서 나는 어려운 일을 하고 있고, 우리가 직면한 상황 역시 엄혹하다. 우리가 모두의 필요를 한 번에 다 충

족하지 못하거나 모든 문제를 다 해결하지 못해도 괜찮다.

- 내가 타인을 위해 할 수 있는 일에 한계를 두고 이를 넘어 서면 '안 돼'라고 말해도 괜찮다.

- 나를 비롯해 모두는 존재할 가치가 있다.

- 나는 어떤 일이든 완벽하게 하지 않아도 된다. 우리는 완벽하지 않은 활동을 수행하는 완벽하지 않은 사람들이다.

- 새로운 일을 시도해도 좋다. 언제든지 내가 원하면 중지할 수 있다.

- 나는 최선도 아니고 최악도 아니다. 이곳의 다른 모든 이들과 마찬가지로 나는 배우는 중이다. 다른 모든 이들과 마찬가지로 내게도 남들에게 꺼내 보일 만한 지혜와 경험이 있다.

- 나는 마음을 읽을 수는 없다. 누군가가 나를 좋아하지 않는다거나 무시했다거나 심술궂게 대했다는 생각이 든다면, 이는 남들의 행위를 잘못 이해한 결과일 수 있다.

- 나는 이 단체에 속한 이들 모두를 좋아하고 모두에게 관심을 기울이지 않아도 된다. 우리의 상호작용 스타일이 다르더라도 나는 스스로를 한껏 확장해 사람들을 다정하게 대하고 돌볼 수 있다. 나는 남들을 비판하는 데 집중하기보

다는, 우리의 공통 가치, 사람들이 저마다 애쓰며 보여주는 아름다움에 주목하기를 선택할 수 있다.

- 내가 단체를 위해 하는 일은, 내가 가진 죄의식이나 부족하다는 생각이 동기가 되기보다는 목적의식에 따라 행동하길 선택했다는 생각에서 출발할 때 더욱 크고 지속가능한 봉사가 될 것이다. 만일 내가 죄의식이나 부족하다는 생각을 바탕으로 활동하기로 선택하는 것이라면, 나의 목적의식을 다시 돌아보고 내가 맡을 수 있는 임무와 책임이 어떤 종류의 것인지에 관해 의식적인 선택을 내리기 위해 잠시 숨을 돌리는 게 좋다.

- 통제하려는 마음은 사회적 조건에 대한 정상적인 반응이지만, 내가 이를 바탕으로 행동할 필요는 없다. 집단의 지혜를 신뢰하며 타인이 실행을 통해 배우게 하고, 너그럽고 유연한 자세로 내 몫을 하면 된다.

- 회피하려는 마음은 사회적 조건에 대한 정상적인 반응이지만, 내가 이를 바탕으로 행동할 필요는 없다. 나는 자신에게 목적의식을 일깨울 수 있으며, 이 목적의식의 안내를 통해 나의 대의 완수를 위한 실천적이고 합리적인 행동 계획을 세울 수 있다. 필요하면 나는 책임 완수를 위해 친구

들에게 도움을 요청할 수 있다.

• 내가 선택한 것이 무엇이든, 그게 '하지 않을 수 없다'와 '해야 한다'에서 나오지 않고 자신과 남을 돌볼 방법에 관한 침착한 통찰에서 나오기만 한다면, 나와 남에게 더 나은 결과를 낳을 것이다.

• 나뿐 아니라 모두가 함께 일하면서 자아도취 문제를 겪는다. 그러나 이런 두려움과 불안정이 나를 이끌게 둘 필요는 없다. 나는 이 활동의 진정한 집단적 목적을 상기할 수 있으며, 주목이나 인정을 바라는 나의 일부를 자애롭게 바라볼 수 있다.

• 나는 내가 속한 단체 안의 사람들과 친구들이 나를 사랑하는 방식, 바라보는 방식을 상기할 수 있다.

맺으며

모든 것이 위험에 처했으며, 우리는 승리를 위해 싸우고 있다

권력을 쥔 자들이 그 자리에 버티고 있는 것은 오직 우리에게 힘[권력]이 없다는 착각 덕분이다. 자유와 연결의 순간이 열리면, 평생 지속되던 사회적 조건이 무효가 될 수 있으며, 온갖 방향으로 그 씨앗이 퍼져나갈 것이다.

－상호부조 재난구호MADR

2020년 5월, 인종주의·자본주의 의료 시스템의 야만성과 사회안전망의 허약성을 폭로한 전 지구적 팬데믹 와중에 미니애폴리스 경찰은 조지 플로이드George Floyd를 잔인하게 살해했다. 이는 반反흑인 인종주의와 경찰폭력에

맞서는 전 지구적 저항에 불을 댕겼다. 팬데믹 초기 몇 달
동안 사람들이 능동적으로 움직이게 만든 상호부조 프로
젝트는 이 성장하는 저항운동에서 참여의 매개체가 됐다.
수백만 명이 새로운 방식으로 이 국면에 참여했다. 음식·
마스크·손 소독제·물·의료 지원을 제공하고 서로를 보호
하는 동시에 거리에서 경찰, 백인 우월주의자들과 싸우고
형사처벌을 당하게 된 이들을 위한 모금을 조직·지원하
며, 경찰과 맺은 계약을 취소하도록 학교와 여타 기관들
에 압력을 넣는 등의 활동을 벌인 것이다. 시위가 시작되
고 첫 2주 만에 350만 명이나 되는 전례 없는 수의 사람들
이 미국 전역에서 보석금 모금운동에 동참했다. 조직가들
이 경찰청 예산 폐지와 해체를 요구하자 변혁적 사법정의
를 둘러싼 생기 넘치는 대화가 전개되기 시작했고, 점점
더 많은 이들이 형사처벌이 아니라 상호부조를 통해 갈등
과 폭력을 해결할 가능성에 관해 배우고 있다.

  시애틀에서는 며칠간 충돌이 이어진 끝에 경찰이 동부
관할 경찰서에서 철수했고 시위대가 이 구역의 몇 개 블
록과 공원 한 곳을 점거하여 해방구를 세웠다. 경찰이 철
수한 데다 대부분의 가게가 코로나19로 이미 문을 닫은

상황에서 해방구는 이전의 오큐파이 천막촌이나 그 밖의 시위대가 공공장소를 점거한 비슷한 사례처럼 협치, 공동 관리, 지도력, 의사결정, 집단적 돌봄의 실천이 토론되고 혁신되는 실험장이 되었다. 이 공간에서 심리 상담, 음식, 물, 보건, 마스크, 영성 상담, 이발, 의류, 갈등 중재 등을 제공하기 위해 상호부조 프로젝트가 등장했다.

경찰에 맞서고 흑인의 생명이 소중함을 외치는 운동이 성장하던 바로 그때, 과학자들은 2020년 5월이 기록상 가장 더운 5월이었으며 2020년이 이전 10년과 마찬가지로 더위 면에서 신기록을 세우는 해가 될 가능성이 높다고 발표했다. 바로 이때 트럼프 행정부는 대서양 국립보호구역Atlantic Maritime Monument을 상업적 어획에 개방하고 인프라 건설 프로젝트를 위한 환경영향평가를 폐기할 의사가 있다고 공표했으며, 환경보호청은 수질 정화 프로젝트를 축소했고, 기후변화가 유발한 영구동토층 해빙 탓에 러시아 역사상 최대의 원유 유출이 발생했으며, 과학자들은 대기 중 이산화탄소 농도가 팬데믹 기간의 배출량 감축에도 불구하고 최고치를 경신했다고 발표했다. 눈길을 어디에 두든 어느 곳에서나, 이제껏 우리 삶의 기반이 됐던 시스템이 붕괴 중이라는 징후가 나타나고 있다. 우리가 살아남으려면 반드시 뭔가 새로운 것이 출현해야 한다.

끝을 모르는 코로나19 위기, 경기침체 심화, 기후변화, 부당하고 인종주의적인 경찰 지배, 범죄화, 국경 통제 시스템과 군대 배치 등이 세상을 덮칠수록 정치적 행동의 드넓은 생태계에 상호부조 프로젝트가 필수적이라는 것이 분명해진다. 상호부조는 사람들이 온갖 종류의 재난에서 생존하고, 새로운 사람들을 운동에 참여시키고 정치화하며, 우리에게 필요한 공존의 방식과 새 시스템을 건설하는 데 도움을 준다. 우리가 상호부조 프로젝트를 더 강력하게 구축할수록 대중운동의 활기가 더욱 오래 지속될 수 있다.

상호부조는 수백만 명의 새로운 사람들을 운동에 지속적으로 참여시키는 방도라는 점뿐만 아니라 다른 모든 전략을 뒷받침한다는 점에서 우리 운동을 구성하는 다른 전술에서도 필수적인 요소다. 변혁적 사법정의 프로젝트를 발전시키려는 수십 년의 활동은 우리가 경찰 예산을 폐지하고 그 재원이 인간적 필요를 충족하는 데 쓰이게 만들려고 노력하는 과정에서 지역사회의 지지를 이끌어내는 대안적 비전을 제공했다. 보석금 모금, 법률적 변호 캠페인, 교도소에 편지 보내기 프로젝트는 경찰과 대기업에 맞서 대담한 행동을 감행했다는 이유로 형사처벌당하는 이들을 지원한다. 최루가스와 고무총탄으로 인한 부상을 치료하는 거리의 의료진은 경찰에 맞선 가두 투쟁이 며칠씩이나 계속될 수 있게 만든다. 치유적 사법정의 프로젝트와 갈등 중재 프로젝트는 우리가 경찰 없는 구역 안에서 더불어 살아가는 데 도움을 준다. 상호부조는 우리의 모든 저항 활동에 필수적이다.

위기 국면과 변혁적 조직화는 과감한 상호부조 행동에 점점 더 힘을 실어준다. 2020년 6월 1일, 워싱턴 DC 경찰은 조지 플로이드 살해에 항의하는 봉기를 진정시키려고, 시 당국이 실시한 오후 6시 이후 통행금지령을 어겼다는 이유로 주택가에서 시위대를 포위하고는 체포하려 했다. 경찰이 체포를 시작하자 동네 주민들이 문을 열어 시위대를 자기네 집으로 피신하게 했다. 경찰은 창문에 최루탄을 던지기까지 하며 시위대를 집에서 쫓아내려고 했다. 그러나 주민들은 밤새 시위대를 지켜주며 밥을 먹이고 필요를 충족시켜주었다. 이렇게 경찰의 권위를 공개적으로

부정하고 다른 이를 위해 위험을 감수하려 하는 태도는
연대와 상호부조의 생생한 가능성을 보여준다.

워싱턴 DC에서 주민들이 시위대를 지켜주던 그 주에
미국 곳곳의 버스 운전사들은 대량 체포를 위해 경찰이
공공버스를 징발할 수 있게 하자는 방침에 반대하고 나
섰다. 징발 시 버스 운전사에게 초과근무수당을 주겠다고
했지만, 운전사들은 경찰에 협력하는 데 반대하는 공동
행동을 조직했다. 미니애폴리스의 버스 운전사 노동조합
은 조합원 운전사에게 연행자 수송을 거부하고 시위 진압
을 위한 경찰 수송을 거부할 권리가 있다는 성명을 발표
했다.

우리가 권위를 함께 나누는 경험을 통해 지배 시스템의
부당한 권위에서 해방될수록 우리의 상호부조와 연대 실
험은 더욱 대담해지게 마련이다. 이는 이주자들을 이민세
관단속국U.S. Immigration and Customs Enforcement(ICE)의 단
속에서 보호하는 활동이 증가하는 과정에서 가시화되었
다. 2019년 7월, 테네시주 내슈빌의 지역사회 구성원들은
ICE 요원이 차 안에 있는 한 남자에게 다가오자 그를 보
호하기 위해 에워쌌다. 바로 이때 미국 전역의 상호부조

단체들은 이주자를 숨겨주고, 이주자에게 ICE의 불시 단속을 미리 알리며, 수용시설 억류자와 강제 추방자의 가족을 돌보고, 수용시설에 있던 이주자를 강제 출국시키려고 공항으로 수송하는 버스를 막는 등의 행동을 벌이고 있었다. 이런 행동에 나선 단체들은 지역 내 이주자 수용시설을 폐쇄하거나 이주자 수용시설의 신축 혹은 확장을 중단시키는 캠페인, ICE가 지방 공항을 강제 출국에 사용하지 못하게 금지하는 조례를 제정하는 캠페인, ICE와 지방 치안 당국이 다양한 방식으로 협력하지 못하게 막는 캠페인, 이주자 감금에 사용되는 민간 교도소의 사업 인가를 취소시키는 캠페인 등을 함께 전개하는 경우가 많았다.

이렇게 ICE에 맞서는 노력은 인종주의적 국가폭력의 폭발적 성장을 격퇴하고 참여자들이 서로를 보호하기 위해 직접행동에 더 적극적으로 나서도록 용기를 북돋는 전략이 어떻게 상호부조와 연결되는지 구체적으로 보여준다. 위기가 고조될수록, 우리의 조직화 노력은 사람들이 더욱 대담해지도록 영감을 불어넣어, ICE와 경찰이 사람들을 체포하지 못하게 막고, 보안관이 세입자를 퇴거시키지 못하게 막으며, 더 나아가서는 군대의 국경 배치를 막

는 데 민중의 힘을 사용하게 만든다. 어쩌면 우리는 구속
자 석방을 요구하는 것이 아니라 우리 힘으로 사람들을
감옥에서 해방시키는 정도로, 조세와 지출 방식을 바꾸라
고 요구하는 것이 아니라 재산을 징발해 재분배하는 정도
로 운동의 수준을 높일 수 있을지 모른다. 우리 운동은 저
들이 우리의 공동체를 향해 휘두르는 무기를 해체하면서
동시에 해방과 집단적 자기결정이라는 우리의 원칙에 바
탕을 둔 새로운 생존 방식을 수립하기 위해 현존 구조와
대결해야 한다. 우리는 이윤 중심이 아니고 위계적이지도
않으며 지구에 파괴적이지도 않은 방식으로 먹고 소통하
며 보금자리를 마련하고 이주하며 치유하고 서로를 돌보
는 법을 상상하고 구축해야 한다. 우리는 군사주의에 바
탕을 두지 않은, 참여적이고 동의에 바탕을 둔 협력 방식
을 만들어내고 이를 공동으로 관리하도록 훈련해야 한다.

　상호부조 활동은 우리가 위기를 견뎌내도록 돕는 즉각
적인 역할을 수행하지만, 사회를 변혁하지 않으면 생물들
의 멸종에 따르는 격심하고 불균등한 고통과 맞닥뜨려야
할 현 국면에 완전히 새로운 생활방식을 수립하기 위해
필요한 기술과 역량을 구축할 잠재력 또한 지니고 있다.

식료품을 배달하고, 회의에 참여하며, 마스크를 직접 만들고, 수감자에게 편지를 보내며, 붕대를 감아주고, 관계 맺기 기술 강좌를 진행하며, 우리 활동이 감시받지 못하게 막는 법을 배우고, 텃밭을 가꾸며, 기저귀를 갈아주면서 우리는 모두가 음식·주거·의료·존엄성·연결·소속감·창의성을 누리며 살아가도록 보장하는 시스템을 건설하고, 경찰과 군대를 머릿수로 압도하며 우리의 공동체를 보호하는 능력을 강화한다. 이것이 우리가 투쟁하여 만들려는 세계다. 이것이 우리가 쟁취할 수 있는 세계다.

옮긴이 해제

위기 이후,
국가와 개인 사이 제3의 주체를 전망하다

1. 왜 하필 지금 '상호부조'인가?

2019년 말부터 시작돼 지금(2022년 5월 현재)까지도 종료되지 않은 코로나19 팬데믹은 문자 그대로 '전 세계적' 사건이다. 일상에서 '세계적', '글로벌' 같은 말을 별 고민 없이 쓰지만, 기억을 돌이켜보면 전 세계가 정말 동시에 함께 체험한 사건을 찾기는 쉽지 않다. 역사 교과서에 나오는 대공황이나 2차대전 정도가 그에 부합하는 사건일 것이다. 그러고 보면 지난 몇 년간 우리가 겪어온 이 감염병 위기는 참으로 유례없는 일대 사건이다. 인류가 이토록

실시간으로 고통과 고민, 어리석음과 깨달음을 공유한 적
이 있었던가.

　그렇게 인류가 함께 확인한 진실 가운데에는 신자유주
의 전성기에 유포되고 강요된 '진리'와 정반대되는 내용
이 많다. 예를 들면 바이러스 확산에 맞서며 확인한 국가
의 위상과 역할이 그렇다. 지난 40여 년간 우리는 국가의
책임과 기능은 적을수록 좋다는 설교를 지겹도록 들었다.
대신 시장과 민간 기업이 주인공 노릇을 하는 무대가 넓
어져야 한다는 것이었다.

　그러나 신종 바이러스가 창궐하자 당장 누가 전면에 나
섰던가? 국가였다. 거의 모든 나라에서, 심지어는 신자유
주의의 본산이라는 미국, 영국에서조차 국가가 사실상 경
제활동 중지 명령을 내리고 몇 주 동안이나 시민들이 집
밖에 나오지 못하게 했다. 대신 국가가 나서서 긴급 필수
품 생산을 챙기고 의료 서비스를 한시적으로 국영화했으
며 기업과 가계에 재난지원금을 풀었다. 옛 소련에서도
생각하기 힘들었을 일들이 21세기 최첨단 자본주의 사회
에서 벌어졌다. 그 정도로, 시민의 생명이 위협받는 상황
에서 기댈 만한 조직은 국가뿐이었다. 2008년 금융위기

때도 국가가 나서서 은행 연쇄 부도를 막으며 신자유주의 이데올로기에 커다란 균열을 냈지만, 팬데믹 중에는 균열이 아니라 아예 단절을 이야기해야 할 정도였다.

이 상황에 대한 시민들의 반응은 나라마다 상당히 달랐다. 미국과 유럽에서는 마스크 의무 착용을 포함한 국가 주도 방역 조치에 반발하는 시민들이 많았다. 적지 않은 이들이 마스크 쓰길 한사코 거부했고, 대유행 초기부터 시위에 나서기도 했다. 반면 한국을 비롯한 동아시아 국가들은 분위기가 사뭇 달랐다. 물론 불만의 목소리가 전혀 없지는 않았지만, 대체로는 시민들이 정부 방역 조치를 신뢰하며 이에 적극 호응했다.

중국의 경우는 본래 국가가 사회를 강력히 통제하는 체제이므로 팬데믹 와중에도 국가의 명령을 순순히 따랐다고 해석할 수 있을 것이다. 그러나 한국이나 대만 등을 이틀에 맞춰 설명하기는 힘들다. 시민들은 단순히 관료들이 하라는 대로 그저 순종한 게 아니다. 시민 개개인이 전문가 의견과 정부 조치를 합리적으로 판단하고 동의를 바탕으로 자발적으로 방역 활동에 참여하며 자율적으로 일상생활을 규제한 것이다. 덕분에 이 나라들에서는 정부 방

역 조치가 미국, 유럽 나라들보다 더 효과적으로 작동할
수 있었다.

여기까지 말하면, 지난 3년여 동안 겪은 바가 한국 사회
에는 긍정적인 자기 평가로만 남는 것 같다. 그러나 과연
그렇기만 할까? 이 대목에서 우리는 물음을 던져봐야 한
다. 한국 사회에서 국가와 시민이 맺는 관계에 문제는 없
는가? 팬데믹을 통해 정말 그 긍정적 측면만 드러났는가?
혹시 방역 성과에 취한 탓에 진짜 주목해야 할 부정적 측
면을 제대로 포착하지 못하고 있지는 않은가?

정색하고 이런 물음을 던지며 우리 자신을 돌아보면, 비
로소 한국 사회의 중요한 특징들이 눈에 들어온다. 그 가
운데 하나는, 기업을 제외하면 사회 안에 남는 실체가 국
가와 시민 개인들뿐이라 해도 과언이 아니라는 사실이다.
이 두 요소가 팬데믹 같은 위기 와중에 예상보다 훨씬 더
건설적인 상호작용을 펼친 점은 물론 높이 평가해야 한
다. 하지만 국가와 시민 개개인의 상호작용만으로는 뭔가
부족한 구석이 있다. 만약 국가나 개인으로 환원될 수 없
는 또 다른 실체들이 있다면 어떨까? 그런 제3의 요소들
까지 갖췄다면, 국가와 개인 그리고 이 제3항이 보다 복잡

하고 역동적인 소통과 교류, 긴장과 협력을 전개하며 훨씬 더 강력하게 지속가능성과 회복탄력성을 확보할 수 있지 않았을까?

과연 이 세 번째 항이란 무엇인가? 그런 게 존재하기는 하는가? 이를 밝혀주는 고전이 있다. 러시아 아나키스트 사상가이자 생물학자 표트르 크로포트킨Pyotr Alexeyevich Kropotkin(1842~1921)의 《상호부조: 진화의 한 요소》(1902)다. 영어 제목은 'Mutual Aid'. 그렇다. 이 책의 영어 원본과 제목이 똑같다. 크로포트킨의 《상호부조》는 찰스 다윈Charles Darwin의 진화론을 우승열패, 적자생존의 신화에서 해방시키려 한 선구적 시도로 유명하다.

허버트 스펜서Herbert Spencer 같은 19세기 사회사상가들은 다윈의 진화론을 인간들 간의 끝없는 경쟁을 정당화하는 근거로 삼았고, 진화론에 대한 이러한 특정한 해석, 즉 사회진화론을 자본주의 승자, 제국주의 침략자를 옹호하는 논리로 내세웠다. 과학까지 들이밀며 강자 앞에 무릎 꿇길 강요하니 약자들은 뭐라 반박하기도 힘들어졌다. 대한제국이 국권을 빼앗길 때도 그랬다. 사회진화론을 받

아들인 개화파 지식인들은 꼼짝없이 일본의 지배권 주장
을 승인하지 않을 수 없었다.

크로포트킨의 《상호부조》는 이 숨 막히는 사상 지형을
뒤집는 일격이었다. 차르의 전제에 맞서다 서유럽에 망명
하기 전까지만 해도 크로포트킨은 광활한 시베리아를 누
비며 동식물 세계를 탐구하던 생물학자였다. 그는 이런
실제 관찰과 연구에 바탕을 둔 다양한 구체적 증거를 통
해 진화가 경쟁보다는 오히려 협력의 결과임을 밝혔다.
식량이나 서식지가 한정됐다고 해서 같은 종끼리 서로 죽
고 죽이는 경쟁을 벌이지는 않는다. 그런 일이 벌어진다
해도 일반적 현상이 아니라 예외에 더 가깝다. 일반적인
양상은 적어도 같은 종은 생존을 위해 서로 돕는다는 것
이다. 크로포트킨은 곤충부터 조류, 포유류의 여러 종에
이르기까지 풍부한 사례를 들며 이를 역설한다. 대한제국
의 개화파 지식인 중 한 사람이었던 신채호는 《상호부조》
를 읽고 비로소 사회진화론의 정신적 감옥에서 탈출하여
제국주의에 당당히 맞설 수 있었고, 끝내는 아나키스트가
됐다. 《상호부조》가 20세기 벽두에 인류에게 끼친 해방적
인 영향이 이러했다.

 갑자기 왜 21세기 코로나19 팬데믹 논의에서 벗어나 100년도 더 된 책 이야기를 꺼내는가? 다름 아니라 한국 사회에서 부족하거나 결핍된 사회적 요소가 크로포트킨의 《상호부조》 후반부 주제이기 때문이다. 이 책에서 크로포트킨은 다른 생물 종들과 마찬가지로 인간 역시 상호부조를 통해 생존하고 발전하며 번영했음을 보여주며, 문명 발전에 따라 협력의 양상이 어떻게 변천해왔는지 훑는다. 그러면서 협동과 연대가 개별 인간이 아니라, 그렇다고 국가도 아니라 주로 다양한 연합들associations을 통해 이뤄졌음을 강조한다. 농업이 주된 산업이던 시기에는 마을 공동체가 이런 역할을 했고, 도시가 등장한 뒤에는 도시 자치조직(코뮌)과 동업조합(길드)이 이 임무를 맡았으며, 근대에 들어서는 노동조합, 협동조합, 공제회 같은 자발적 결사체들이 그 뒤를 이었다. 크로포트킨은 제도화된 종교에 적대적인 아나키스트임에도 여러 종교 공동체 역시 이런 상호부조 조직에 속한다고 인정한다.

 그런데 크로포트킨이 주목한 이러한 조직들이야말로 한국 사회에서 팬데믹 국면에 눈에 잘 띄지 않았던 요소

들이다. 국가가 방역 조치 사령탑이 되는 것이야 불가피
한 일이었다. 그러나 공무원이나 유급 보건 노동자가 나
서주길 기다리기만 해야 하는 모습에는 분명 심각한 문제
가 있었다. 시민들이 사회 전체를 위해 불편을 감수하며
대면 접촉을 줄이는 것은 아름다운 광경이었다. 그러나
이런 상황이 장기화하면서 많은 이들이 고립과 고독, 실
직과 빈곤을 겪은 것이 정말 피할 수 없는 일이었는지는
따져봐야 한다.

만약 위기 순간에 국가와 시민 개인에 더해 자발적 결
사체들 혹은 상호부조 조직들이 적극적인 역할을 했더라
면? 그랬다면 공무원이나 일선 보건의료 노동자에게만
의존할 때보다는 훨씬 촘촘하고 세심한 대처가 가능했을
것이다. 또한 자가 격리가 가난한 이들과 사회적 약자의
고립으로 이어지지 않게 할 장치나 출구를 만들어낼 수
있었을 것이다. 가령 위기 시 취약 계층이 거주하는 지역
을 중심으로 가가호호 방문하며 생활필수품이나 건강을
챙기는 모임이 활성화되어 있다면, 국가가 복지 정책을
더 효과적으로 펼칠 수 있을 것이고 공공 활동에 대한 시
민 개인의 참여도 더 활발해질 수 있을 것이다.

그러나 안타깝게도 한국 사회에서는 감염병 위기 와중에 그런 조직들이 그다지 존재감을 보여주지 못했다. 물론 자발적 결사체들이 없지는 않다. 당연히 있다. 노동조합도 있고, 생활협동조합도 있고, 지역사회에서 나름대로 활약하는 시민단체들이 있다. 하지만 여전히 부족하다. 국가나 기업과 어깨를 나란히 하며 위기 시에 '사회'를 실체화·가시화할 역량까지는 확보하지 못한 상태다. 아마도 한국 사회에 그럴 역량을 갖춘 시민사회 조직이 있다면 개신교 교회 정도를 들 수 있을 텐데, 팬데믹 국면에서 대다수 한국 교회는 상호부조의 생생한 거점 역할을 하지 못했다.

이게 지금 우리가 발 딛고 선 현실이다. 팬데믹을 겪은 뒤에 반드시 확인해야 할 진실이 여기에 있다. 또한 그렇기에 크로포트킨의 고전과 동일한 제목을 달고 찾아온 딘 스페이드의 이 저작이 결코 머나먼 다른 나라 이야기가 아니라 지금 한국 사회에 가장 절실히 필요한 호소이자 충고로 다가오게 된다.

2. 트랜스젠더 운동가가 쓴 '21세기 상호부조론'

팬데믹이 만 1년에 접어들던 2020년 말에 영어권 진보 성향 출판사 버소Verso는 코로나19 바이러스 확산이 인류에게 던지는 물음과 교훈을 정리한 책 네 권을 동시에 출판했다. 팸플릿이라고 할 만한 짧은 분량이지만 깊이 있고 도발적인 문제제기와 가설을 담은 책들이었다. 그 가운데에 세 권이 이미 우리말로 나왔다. 코로나 '공황'이라 해도 좋을 펜데믹 중의 경제침체를 분석하고 각국 정부가 이에 맞서 펼친 정책이 이후 지구자본주의에 어떤 영향을 줄지 분석한 그레이스 블레이클리Grace Blakeley의 《코로나 크래시: 팬데믹은 (국가독점)자본주의를 어떻게 다시 일으켜 세웠는가*The Corona Crash*》(장석준 옮김, 책세상, 2021), 감염병 위기가 실은 기후위기와 한 몸이며 여러 나라에서 시행된 국가 주도 방역 대책이 기후위기에 맞선 급진적 생태 전환 정책으로 확대 실시돼야 한다고 역설한 안드레아스 말름Andreas Malm의 《코로나, 기후, 오래된 비상사태: 21세기 생태사회주의론*Corona, Climate, Chronic Emergency*》(우석영·장석준 옮김, 마농지, 2021), 팬데믹 중에 어느 나라에서든 최대 현안으로 부각된 돌봄 활동이 이후 사회 변화와 운영의 핵심 원리가 되어야 함을 밝힌 더 케어 컬렉티브The Care Collective의 《돌봄 선언: 상호의존의 정치학The Care Manifesto》(정소영 옮김, 니케북스, 2021)이 그 책들이다. 다만 한 권만은 이제야 한국 독자들에게 선보이게 됐는데, 원제가 "상호부조: 이번 (그리고 다음) 위기 중에 연대 구축하기 Mutual Aid: Building Solidarity During This Crisis (and the Next)" 인 이 책이다.

저자 딘 스페이드는 우리에게는 생소한 인물이다. 1977년생인 스페이드는 건조하게 말하면 인권 변호사이고 사회운동가다. 그러나 이것만으로는 그가 펼쳐온 실천의 격렬함과 신산함이 제대로 드러나지 않는다. 변호사로 영업하며 사회운동에도 이름을 올리는 이들이야 우리에게도 그다지 낯설지 않다. 그러다가 '민주'라는 이름이 붙은 정당 공천을 받아 공직자가 되는 이들이 많았고, 실은 요즘 정치인 대다수가 이런 경력을 지닌 사람들이다. 미국에서도 버락 오바마Barack Obama 전 대통령이 비슷한 경력을 자랑한다.

그러나 스페이드는 전혀 다른 사람이다. 이 책 처음부터

끝까지 일관되게 이어지는 주장들에서 알 수 있듯이, 그
는 사회운동가이되, 체제에 순응하고 협력하며 종국에는
흡수되는 사회운동과 새로운 사회를 만들어가는 변혁적
사회운동을 철저히 나눈다. 또한 변호사이면서도 실정법
체계와 그 논리 안에 자신을 가두지 않고, 오히려 혁명가
의 시야로 자본주의 너머를 바라보며 이를 향해 나아가자
고 외친다. 아마도 이와 관련해 우리에게 가장 풍부한 시
사를 줄 수 있는 전기적 사실은 스페이드가 가난한 유대
계 가정에서 태어난 트랜스젠더이고 열혈 트랜스젠더 운
동가라는 점일 것이다.

　스페이드는 보수적인 버지니아주 시골의 한부모 가정
에서 태어났다. 어머니는 비정규직 일자리를 전전했고, 일
이 없을 때는 복지수당에 기대어 살림을 꾸려가야 했다.
스페이드는 아홉 살 무렵에 이미 생계비를 벌기 위해 어
머니가 일하는 세탁소에 합류했다. 이후 그는 줄곧 학업
과 노동을 병행해야 했다. 그러나 고난은 줄어들 줄 몰랐
다. 열네 살에 스페이드의 어머니는 폐암으로 사망했다.
아직 미성년이던 그는 법률에 따라 양부모에게 입양돼야
했다. 본문을 이미 읽고 이 해제를 읽는 이라면, 누구나 느

낄 것이다. 스페이드가 이 책에서 언급하는 거의 모든 내용에는 자신의 삶이 고스란히 묻어 있다. 미국의 각박한 복지제도, 열악한 서비스산업 비정규직 노동의 현실, 계급·젠더·인종 등 미국 사회의 온갖 모순이 응축된 입양제도 등등. 저자는 그중 어느 것도 그저 차가운 관찰자의 시선으로만 볼 수 없었을 것이다. 단순한 관찰자로만 머물 수 있었던 적이 없기 때문이다.

어려운 환경에서도 스페이드는 컬럼비아 대학에서 정치학과 여성학을 전공하고 우수한 성적으로 졸업했다. 2001년에는 캘리포니아 주립대학 로스쿨을 마치고 변호사로 활동하기 시작했다. 그가 곧바로 착수한 것은 본문에도 소개된 '실비아 리베라 법률 프로젝트SRLP' 설립인데, 이는 뉴욕시에서 트랜스젠더 등 다양한 성소수자들을 위해 법률구조 활동을 펼치는 단체였다. SRLP 자체가 평범한 인권 변호 수준을 넘어 사회운동에 가까웠지만, 스페이드는 이 밖에도 여러 운동 현장에 뛰어들었다. 2000년대 중반에는 교도소 내 강간 추방 운동에 참여했고, 2009년에는 역시 본문에 언급된 시애틀시 교도소 신설 계획 반대 운동에 앞장섰다.

이렇게 실천가로 발 벗고 나서면서도 스페이드는 사회
운동 경험에 바탕을 둔 집필·연구 활동을 병행했다. 이
론 영역에서도 그는 트랜스젠더 문제를 중심으로 이와
교차하는 여러 법률 쟁점을 폭넓게 다뤘다. 그 성과를 인
정받아 스페이드는 현재 시애틀 대학 로스쿨 교수로 있
다. 2012년에는 첫 단독 저작《정상적 삶: 행정 폭력, 비판
적 트랜스 정치 그리고 법의 한계*Normal Life: Administrative
Violence, Critical Trans Politics, and the Limits of Law*》(South End
Press)를 냈다. 좌파 출판사에서 나온, 단조로운 이론서라
기보다는 강렬한 실천 지향이 담긴 책인데, 저자가 지닌
이런 성향은 이 책에서도 어김없이 반복된다.

스페이드는 이 책 첫머리에서 단도직입적으로 경제위
기, 감염병 위기, 기후위기가 겹친 대위기 시대에 가장 시
급하고 절실하게 필요한 것이 상호부조 단체들과 그 네트
워크라고 역설한다. 사회과학 이론이나 철학 논의, 하다못
해 자기 전공인 법학도 장황하게 인용하거나 설명하지 않
는다. 팬데믹을 비롯해 최근 겪은 각종 자연재해(기후 급변
과 결코 무관하지 않은), 인종차별이나 이주민 억압에 맞선 시

위 현장, 가난한 이들과 소수자들이 밀집한 지역사회의 자구 노력 등에서 실제 체험하며 확인한 바를 근거로 든다. 그래서 주장이 간명하면서도 강한 설득력이 있다. 저자에 따르면, 자본주의 이해관계의 지배를 받는 국가기구가 미처 관심을 기울이지 않는 곳, 일부러 시야에서 배제한 곳, 혹은 국가기관의 도움만 기다리기에는 너무 절박한 곳에서 생명을 구하고 사회를 복구하는 힘은 민중 스스로의 연대와 협력에서 나온다.

이렇게 상호부조의 중요성을 못 박은 뒤에 스페이드는 상호부조 조직인 것과 아닌 것을 엄격하게 구별해야 한다는 주장으로 넘어간다. 핵심은 조직을 관통하는 기본 원리의 차이다. 상호부조 조직의 기본 원리는 연대다. 그렇기에 가진 자와 그렇지 못한 자, 배운 자와 그렇지 못한 자 등의 차별이나 위계를 경계하고 구성원들 사이의 평등한 교류, 최대한 적극적인 참여, 민주적 소통과 합의를 지향한다.

반면 자본주의 사회 안에서 활동하는 사회단체들 가운데 다수는 겉으로는 상호부조를 말하더라도 실제로는 자선의 원리를 추종한다. 부유층이나 국가의 후원을 받아

조직을 운영하며, 도움의 손길을 바라는 이들에게 시혜를
베풀려 한다. 돈과 권력을 가진 이들의 도움을 받다 보니
그들의 세계관이나 이해관계를 거스르는 실천을 하기 힘
들고, 재난을 당한 이들에게 도움을 베푼다고 여기다 보
니 도움받을 이의 자격을 따지고 조건을 달며 권력을 좇
는 데 동원할 대상으로 삼기도 한다. 스페이드는 상호부
조를 천명하고 시작한 많은 단체가 기존 질서에 적응하는
과정에서 결국 자선단체로 변질되고 만다고 아프게 지적
한다.

　상호부조 단체와 자선단체의 선명한 대비 다음에 따르
는 내용은 상호부조 단체가 체제에 흡수되거나 변질되지
않도록 막을 구체적인 실천 지침들이다. 너무나, 너무나
구체적인 지침들이다. 상호부조 조직이 벌이는 일상 활동
속에서 평등과 연대, 민주주의의 원칙들을 살려나갈 세부
방안들이 이 책의 3분의 2를 차지한다. 이론서에 익숙한
진보적 독자라면 반가워하기보다는 오히려 당혹감을 느
낄 것 같다.

　이것은 지난 세기에 나온 동명의 고전과는 너무 다른
전개가 아닌가? 상호부조 조직들과 그 네트워크가 새로

운 사회의 기둥이 되어야 한다는 원대한 구상과는 어울리지 않는 지나치게 번잡하고 사소한 내용은 아닌가?

3. 구체적인, 너무나 구체적인 실천 지침서

이 대목에서 잠시 우리 주위 현실을 돌아보자. 노동조합이나 생활협동조합 혹은 지역 시민단체에 속해 활동해본 적이 있다면, 다들 공감할 것이다. 그런 조직을 만들고 꾸려가는 게, 그것도 애초에 내건 이상에 맞게 운영한다는 게 얼마나 고된 일인지 말이다.

가장 힘든 것은 단연 재정 문제다. 회원이나 조합원 수가 충분하다면 걱정이 없을 것이다. 그러나 조합원이 몇 만을 헤아리는 대기업 노동조합 정도가 아니면, 꿈같은 이야기다. 대개는 많아야 수백 명 남짓한 회원에게 그리 많지 않은 회비를 걷어 단체 살림을 꾸려가야 한다. 그런데 단체가 품은 포부가 크거나 열렬히 활동할수록 들어갈 돈은 더 많아진다. 처음에는 어떻게든 회비만으로 운영하겠다고 다짐하지만, 어느덧 사업 규모에 맞춰 조직 바깥에서 지원금이나 기부금을 찾아다니는 임원, 상근자의 모습을 발견하게 된다. 그러다 보면 중앙정부나 지방자치단체 지원금, 대기업 기부금에 기대지 않으면 하루도 버티기 힘든 상황에 처하는 것은 금방이다.

아니, 돈 문제는 차라리 어떻게든 해결할 수 있는 사안일지 모른다. 더 곤란한 것은 조직 내 분란, 그것도 감정이 서로 얽힌 분쟁이다. 많은 단체가 '공동체'를 표방하며 기성 사회와는 다른 대안적인 인간관계를 만들어가려고 노력한다. 그러나 공동체를 꿈꿀수록 회원들 가운데 상당수는 소속 단체에서 가족을 대신할 또 다른 가족을 찾으려 한다. 이것은 자연스러운 기대이고 반응이지만, 동료들에게 정서적 만족감을 찾으려는 욕구가 강할수록 이 욕구가 충족되지 못하는 경우에 생기는 충격이나 상처도 크다. 때로는 이런 감정적 긴장이나 충돌이 단체 활동을 둘러싼 의견 차이와 엇물려 걷잡을 수 없는 분규로 발전하기도 한다. 그러다 결국 분열하거나 해산하는 단체들까지 있다.

이 모든 문제를 해결하는 왕도는 없다. 하지만 정도正道는 있다. 바로 철저한 내부 민주주의다. 민주주의로 모든 문제가 다 시원하게 해결되지는 않지만, 민주주의 말고 해결을 시도해볼 다른 방법은 없다. 실제로 한국 사회에서 스페이드가 말하는 상호부조 조직에 가장 가까운 단체들, 즉 노동조합, 생활협동조합, 시민단체 등은 한국 사회의 평균 수준보다 더 활발하고 모범적인 내부 민주주의를 실천해왔다. 그러나 단체 바깥 민주주의 수준보다 상대적으로 뛰어나다는 것이지 만족할 만한 상황이라는 이야기는 아니다. 대한민국 제6공화국 민주주의의 특징이 각 단체에도 고스란히 나타나, 오히려 원활한 운영이나 일상 활동을 가로막기도 한다. 이견이 생기면 다수결을 통해 다수 의견만을 조직 전체 방침에 반영한다든가, 임원의 민주적 선출만을 민주주의의 전부인 양 여겨 내부 선거 이후에는 회원들이 만사를 덮어놓고 임원들에게 맡긴다든가 하는 모습이 그러한 예다. 민주주의를 이렇게 협소하게 이해하는 탓에 의사결정 과정이 단체를 와해시키는 계기가 되는 경우도 많았다.

이런 기억을 되새기다 보면, 스페이드가 상호부조의 이상에 공감하는 이들에게 전하려 하는, 자칫 잔소리로 느껴질 만큼 세세한 지침들이 예사롭지 않게 다가온다. 새

로 사회운동에 나서려는 이들에게도 마찬가지다. 뜻밖의
난관에 처한 이들에게는 먼저 겪고 헤쳐나간 선배가 전하
는 경험과 지혜만큼 소중한 참고자료도 달리 없다. 저자
는 상호부조에 관한 거대 담론을 장황하게 늘어놓기보다
는 바로 이런 따뜻하고 사려 깊은 충고를 통해 현실에서
더 많은 상호부조 시도들이 살아남아 번창하길 바란 것이
다. 그리하여 우리는 사울 D. 알린스키Saul David Alinsky의
사회운동 지침서《급진주의자를 위한 규칙Rules for Radicals》
(1971)보다 훨씬 친절할 뿐만 아니라 우리 시대만의 어려
움과 고뇌에 맞춰 충언과 격려를 건넬 수 있는 책을 갖게
되었다. '변혁'운동으로 시작됐다가 중앙정부와 지방자치
단체, 리버럴 정당의 포로로 끝나는 것에 너무나 익숙해
져버린 한국 사회운동은 이 책을 거울삼아 자신을 돌아보
고 새로운 가능성을 모색할 수 있을 것이다.

다만 이 책을 읽고 나서도 여전히 고개를 갸우뚱할 이
들이 분명 있을 것이다. 저자 스페이드가 국가의 역할과
가능성을 지나치게 축소하고 자발적인 상호부조 네트워
크에 미래 사회 건설 임무를 너무 무겁게 떠맡기는 것 아

니냐는 의문이 있을 수 있다. 저자가 지닌 아나키스트 성향 탓에 너무 유토피아적인 전망을 내놓았다고 비판할 수도 있다.

그런 분들께는 앞에 소개한, 이 책과 함께 출간된 버소 출판사의 팬데믹 시리즈 네 권을 함께 읽고 각 주장을 비교·종합해보길 권하고 싶다. 블레이클리와 말름은 아래로부터의 민주적 통제를 전제하면서도 어쨌든 3중 위기(경제, 감염병, 기후) 속에서 국가의 적극적 기능을 강조한다. 반면 스페이드는 자발적인 상호부조 네트워크가 훨씬 더 적극적인 역할을 하는 위기 대응 전략과 위기 이후 사회 비전을 제시한다. 《돌봄 선언》을 지은 더 케어 컬렉티브는 두 입장을 종합하는 쪽에 가깝다. 이들은 3중 위기 속에서 돌봄 활동이 더욱더 중요해진다고 강조하면서, 이것이 과거 관료적인 국가복지 체계의 반복이 아니라 국가와 다양한 결사체 그리고 시민 개개인의 다층적이고 복합적인 연계와 협력을 통해 이뤄져야 한다고 주장한다.

나 역시 비슷한 입장이다. 나는 2008년 금융위기의 여파 속에 세상에 내놓은 책 《신자유주의의 탄생: 왜 우리는 신자유주의를 막을 수 없었나》(책세상, 2011)에서 신자유주의적 자본주의를 극복하려면 생활세계, 국민국가, 지구 질서라는 세 층위에서 동시에 변혁 주체들이 성장하여 이 층위들을 교차하고 연결하는 새로운 형태의 정치를 창안해야 한다고 주장했다. 스페이드가 강조하는 상호부조 단체들과 그 네트워크란 내가 '생활세계'라 칭한 층위에서 등장하고 성장해야 할 변혁 주체들이라 할 수 있다. 한국 사회에서 바로 이런 역할을 맡아야 하고 또한 맡게 될 풀뿌리 사회운동에 스페이드의 이 책이 지속적인 영감과 자극, 위안의 원천이 되길 바란다.

참고문헌

이 책은 《소셜 텍스트_Social Text_》와 《미디엄_Medium_》에 발표된 저자의 이전 글과 도표 및 평가자료를 확장한 것이다. 이 책에 곁들여 볼 강의 지침은 다음 주소에서 온라인으로 입수할 수 있다. http://v.versobooks.com/Mutual_Aid_Teaching_Guide.pdf

다음은 더 참고할 만한 자료들이며, 일부는 이 책에 인용됐다.

Barnard Center for Research on Women. "Queer Dreams and Nonprofit Blues" video series. bcrw.barnard.edu.

Batza, Katie. _Before AIDS: Gay Health Politics in the 1970s._ Philadelphia: University of Pennsylvania Press, 2018.

Beam, Myrl. *Gay, Inc.: The Nonprofitization of Queer Politics.* Minneapolis: University of Minnesota Press, 2018.

Bergman, Carla, and Nick Montgomery. *Joyful Militancy: Building Thriving Resistance in Toxic Times.* Chico, CA: AK Press, 2017.

Big Door Brigade. bigdoorbrigade.com.

Butler, C.T. Lawrence, and Amy Rothstein. *On Conflict and Consensus: A Handbook on Formal Consensus Decisionmaking.* theanarchistlibrary.org.

"Consensus: Direct Democracy @ Occupy Wall Street." October 13, 2011. youtube.com/watch?v=6dtD8RnGaRQ.

Creative Interventions Toolkit. creative-interventions.org.

Critical Resistance. "Oakland Power Projects." critical-resistance. org.

Davis, Angela Y. *Are Prisons Obsolete?* New York: Seven Stories, 2003.

Dixon, Ejeris, and Leah Lakshmi Piepzna-Samarasinha. *Beyond Survival: Strategies and Stories from the Transformative Justice Movement.* Chico, CA: AK Press 2019.

Enck-Wanzer, Darrel. *The Young Lords: A Reader.* New York: NYU

Press, 2010.

Flaherty, Jordan. *No More Heroes: Grassroots Challenges to the Savior Mentality.* Chico, CA: AK Press, 2016.

Gelderloos, Peter. *The Failure of Nonviolence.* Seattle: Left Bank Books, 2015.

_____. *Anarchy Works: Examples of Anarchist Ideas in Practice.* 2nd ed. London: Active Distribution / Sto Citas, 2015. First published 2010 by Ardent Press (San Francisco).

GenerationFIVE. *Transformative Justice Handbook.* generationfive. org/the-issue/transformative-justice.

The Icarus Project. *Madness & Oppression: Paths to Personal Transformation and Collective Liberation.* fireweedcollective.org, 2015.

INCITE!, ed. *Color of Violence.* Durham, NC: Duke University Press, 2016.

_____. *The Revolution Will Not Be Funded.* Durham, NC: Duke University Press, 2017.

It's Going Down. itsgoingdown.org.

Morales, Iris. *¡Palante, Siempre Palante! The Young Lords.* Video.

New York: Third World Newsreel, 1996.

Klein, Naomi. *The Battle for Paradise: Puerto Rico Takes on the Disaster Capitalists.* Chicago: Haymarket Books, 2018.

_____. *The Shock Doctrine: The Rise of Disaster Capitalism.* New York: Metropolitan, 2008.

Klein, Naomi, and Avi Lewis. *The Take.* Brooklyn, NY: First Run / Icarus, 2004.

Koyama, Emi. "Disloyal to Feminism: Abuse of Survivors within the Domestic Violence Shelter System." eminism.org.

Kropotkin, Peter. *Mutual Aid: A Factor in Evolution.* Manchester, NH: Extending Horizon Books, 1976.

McGuire, Danielle. *At the Dark End of the Street: Black Women, Rape and Resistance—A New History of the Civil Rights Movement from Rosa Parks to the Rise of Black Power.* New York: Vintage, 2011.

Movement Generation Justice and Ecology Project. "From Banks and Tanks to Cooperation and Caring: A Strategic Framework for a Just Transition." November 2016. movementgeneration.org.

Mutual Aid Disaster Relief. mutualaiddisasterrelief.org.

Mutual Aid Hub. mutualaidhub.org.

Nelson, Alondra. *Body and Soul: The Black Panther Party and the Fight against Medical Discrimination.* Minneapolis: University of Minnesota Press, 2011.

Neubeck, Kenneth J., and Noel A. Cazenave. *Welfare Racism: Playing the Race Card against America's Poor.* New York: Routledge, 2001.

Piven, Frances Fox, and Richard A. Cloward. *Regulating the Poor: The Functions of Public Welfare.* New York: Random House, 1993.

Smith, Easton. "The State, Occupy, and Disaster: What Radical Movement Builders Can Learn from the Case of Occupy Sandy." 2014. thetempworker.wordpress.com.

Solnit, Rebecca. *A Paradise Built in Hell: The Extraordinary Communities That Arise in Disaster.* New York: Penguin, 2010.

South End Press Collective, ed. *What Lies Beneath: Katrina, Race, and the State of the Nation.* Cambridge, MA: South End, 2007.

Spade, Dean, and Roberto Sirvent. "Abolition and Mutual Aid Spotlight" interview series. blackagendareport.org.

Strike Debt. *Shouldering the Costs: Who Pays in the Aftermath of Hurricane Sandy?* 2012. strikedebt.org.

Storytelling & Organizing Project. stopviolenceeveryday.org.

Survived & Punished. survivedandpunished.org.

Sylvia Rivera Law Project. *From the Bottom Up: Strategies and Practices for Membership-Based Organizations.* May 2013. srlp. org.

Thuma, Emily. *All Our Trials: Prisons, Policing, and the Feminist Fight to End Violence.* Champaign: University of Illinois Press, 2019.

Transformharm.org.

Tufekci, Zeynep. "How Hong Kong Did It: With the Government Flailing, the City's Citizens Decided to Organize Their Own Coronavirus Response." *The Atlantic*, May 12, 2020. theatlantic. com.

Walia, Harsha. *Undoing Border Imperialism.* Chico, CA: AK Press, 2013.

21세기 상호부조론

초판 1쇄 발행 2022년 8월 15일

지은이 딘 스페이드
옮긴이 장석준

펴낸이 이혜경
펴낸곳 니케북스
출판등록 2014년 4월 7일 제300-2014-102호
주소 서울시 종로구 새문안로 92 광화문 오피시아 1717호
전화 (02) 735-9515~6
팩스 (02) 6499-9518
전자우편 nikebooks@naver.com
블로그 nikebooks.co.kr
페이스북 www.facebook.com/nikebooks
인스타그램 www.instagram.com/nike_books

한국어판출판권 ⓒ 니케북스, 2022

ISBN 979-11-89722-56-2 (03300)

책값은 뒤표지에 있습니다.
잘못된 책은 구입한 서점에서 바꿔 드립니다.